Anonymous

Mittheilungen der königlischen landwirtschaftlichen Akademie Poppelsdorf

II.

Anonymous

Mittheilungen der königlischen landwirtschaftlichen Akademie Poppelsdorf II.

ISBN/EAN: 9783743626393

Hergestellt in Europa, USA, Kanada, Australien, Japan

Cover: Foto ©ninafisch / pixelio.de

Weitere Bücher finden Sie auf **www.hansebooks.com**

Mittheilungen

der Königlichen landwirthschaftlichen Akademie

POPPELSDORF.

II.

Bonn,
bei Adolph Marcus.
1869.

Ueber die Proteïnstoffe des Maissamens.

Von
M. Ritthausen.

Nach Angaben von Gorham[1]) und Bizio wird angenommen, dass Maismehl, ähnlich dem Weizenmehl, mit Wasser zum Teig angerührt und dann ausgewaschen einen kleberähnlichen in Alkohol löslichen Rückstand hinterlasse. Gorham nannte diesen Körper Zeïn und scheint denselben für eine dem Mais eigenthümliche Substanz gehalten zu haben.

Berzelius erklärte dies Zeïn, wie aus seinem, in der Anmerkung vollständig angeführten Bericht über die Gorham'sche Untersuchung hervorgeht, für eine dem Taddei'schen Gliadin ähnliche Materie, ebenso Bizio, welcher es als aus Gliadin, Zymom und fettem Oel zusammengesetzt ansah. In verschiedenen chemischen Lehr- und Handbüchern, welche des Zeïn's erwähnen [2]), wird es als **Pflanzenleim** aufgeführt.

Stepf, dessen Untersuchungen über das sogenannte Zeïn, ausgeführt im

---

1) Berzelius, Jahresbericht Bd. II (1822) S. 124. Es heisst daselbst: Gorham in Cambridge in Amerika hat das Maismehl (Zea mays) analysirt, und folgende Bestandtheile gefunden: Stärkemehl 77, Eiweiss 2,5, Gummi 1,75, Zucker 1,45, Extractivstoff 0,8, einen eigenthümlichen Stoff, den er Zeïne nennt 3,0, holzartigen unlöslichen Stoff 3,0, erdige Salze 1,5, Wasser 9,0. Die Zeïne wird auf folgende Weise erhalten. Das Mehl wird mit Wasser macerirt, filtrirt und ausgewaschen. Das im Wasser nicht Aufgelöste wird mit Alkohol digerirt, und die nach 24 Stunden erhaltene Auflösung giebt, zur Trockniss abgedampft, die Zeïne. Sie ist gelb gefärbt, weich und biegsam zäh und elastisch, ohne Geschmack und Geruch, und schwerer als Wasser. Sie entwickelt bei der Destillation kein Ammoniak, löst sich in Wasser und fetten Oelen nicht auf, wohl aber in Aether, Alkohol und Terpentinöl. Wird von Säuren und Alkalien wenig gelöst. Lässt sich in feuchtem Zustande lange aufbewahren, ohne zu faulen oder zerstört zu werden. Es scheint jedoch ganz derselbe Stoff zu sein, den Taddei Gliadin nennt, und der aus Weizen und Roggen erhalten wird.«

2) Knapp Lehrbuch d. chem. Technologie I, p. 61.

Laboratorium des Freiherrn von Bibra in Nürnberg bis jetzt die ausführlichsten zu sein scheinen [1]), betrachtet es, entsprechend seinem Verhalten zu Alkohol, als ein Gemenge von Pflanzenleim und Pflanzencaseïn und fand in Bezug auf seine Zusammensetzung, dass es 15,6 Proc. Stickstoff enthalte.

Nachstehend theile ich nun die Resultate einer etwas ausführlichen Untersuchung des in Weingeist löslichen Proteïnkörpers des Maissamens mit, die, obwohl sie die meisten Angaben von Stepf bestätigen, dennoch mit genügender Sicherheit darthun, dass das Zeïn weder Pflanzenleim, noch ein Gemenge von diesem mit Pflanzencaseïn ist, sondern eine dem Glutenfibrin des Weizenklebers sehr ähnliche Substanz, welche dieser Aehnlichkeit halber am geeignetsten als Maisfibrin zu bezeichnen ist. Hätte Stepf ausser den Bestimmungen des Gehalts an Stickstoff, deren Resultat mit den von mir erhaltenen sehr gut übereinstimmt, auch solche von Kohlenstoff und Wasserstoff ausgeführt, so würde sich unzweifelhaft ergeben haben, dass die Verschiedenheiten zwischen dem Kohlen- und Stickstoffgehalt des sogenannten Zeïns und des Gliadins (Pflanzenleim) zu gross sind, abgesehen von sonstigen wesentlichen Unterschieden, als dass beide Stoffe identificirt werden könnten.

Zur Untersuchung verwandte ich ein Gemenge mehrerer Maissorten, welche im Jahre 1868 im botanischen Garten der landwirthschaftlichen Akademie Poppelsdorf erbaut worden waren.

1) Ueber die angebliche Kleberbildung des Maismehls.

Stepf gelang es nicht, aus Maismehl durch Auswaschen des daraus bereiteten Teiges Kleber zu gewinnen, was den vorhandenen älteren Angaben widerspricht.

»Um das so eben beschriebene Zeïn,« sagt Stepf (a. a. O.) »darzustellen, habe ich 300 Grm. lufttrocknen Maismehls angewandt und zur Teigbildung 500 Cc. destillirtes Wasser verbraucht. Der angemachte Teig blieb eine gute Viertelstunde bei gewöhnlicher Zimmerwärme sich selbst überlassen, und wurde hierauf mit 1000 Cc. destillirten Wassers, nach und nach in geeigneter Menge zugesetzt, anhaltend durchgeknetet. Die ganze Masse nahm die Beschaffenheit eines dünnen Breies an und das Mehl befand sich im Wasser suspendirt; von der erwarteten kleberähnlichen Substanz aber war nicht die Spur bemerkbar, während die Abscheidung des Klebers aus Weizenmehl auf gleiche Weise leicht gelang. Mehrere Versuche, aus grösseren Quantitäten Maismehl das Zeïn abzuscheiden, waren ebenfalls erfolglos.«

Diese Angaben haben sich als vollkommen richtig bestätigt; es gelang mir auf keine Weise, aus Mehl des angewandten Maisgemenges, das zu einem

---
1) Erdmann und Werther, Journ. f. pract. Chem. 76, p. 83—90.

steifen Teig angemacht war, durch Auswaschen mit Wasser einen dem Weizenkleber auch nur ähnlichen Körper zu gewinnen. Der auch nach stundenlangem Stehen kurze, kaum klebrige Teig zerging dabei in allen Fällen zu einer dünnen, losen, breiigen Masse.

Die Eigenschaften des in Alkohol löslichen und in reichlicher Menge vorhandenen Maisfibrins lassen irgend welche Kleberbildung auch als unmöglich erscheinen, wie aus den nachfolgenden Mittheilungen klar werden wird; es muss daher die Ansicht, der Mais gehöre zu den kleberbildenden Samen, als irrthümlich aufgegeben werden. Schon die bekannte Thatsache, dass sich Maismehl ohne beträchtliche Beimischung anderer Mehlsorten nicht wohl verbacken lässt, deutet darauf hin, dass demselben ein dem Weizenkleber ähnliches Gemenge von Proteïnstoffen, das dem Teig die erforderliche Zähigkeit und Klebrigkeit ertheilte, fehlt.

Ob es Maissorten giebt, welche ein kleberbildendes Mehl liefern, oder ob in gewissen Sorten bei Cultur in wärmeren Klimaten, oder auch unter bestimmten Bodenverhältnissen das dem Kleber ähnliche Gemisch von Proteïnstoffen gebildet werde, — das sind Fragen, deren endgültige Entscheidung ausgesetzt bleiben muss, bis die nöthigen Untersuchungen mit geeignetem Material angestellt sind [1]).

2) Darstellung des Maisfibrins.

Die Gewinnung dieser Substanz aus feinem Maispulver oder auch aus Maismehl bietet im Ganzen wenig Schwierigkeiten; da hierbei jedoch einige charakteristische Eigenschaften der Substanz gut markirt werden, will ich das Verfahren etwas ausführlicher beschreiben.

Am geeignetsten wird zum Auflösen des Fibrins Spiritus von 80—85 % Tr. (0,8631—0,85 spec. Gew.) angewendet und das Maispulver, sobald dasselbe nach der Extraction nicht weiter benutzt werden soll, damit so oft ausgekocht, als noch merkliche Mengen von Fibrin gelöst werden. Es genügt jedoch, um eine befriedigende Ausbeute zu erzielen, auf 40—50° C. zu erwärmen und den Weingeist bei dieser Temperatur jedesmal $1/2$—1 Stunde

---

1) Möglicherweise beruht die Annahme von der Kleberausscheidung aus Maismehl beim Auswaschen auf einer nicht ganz richtigen Deutung der von Gorham und Bizio gemachten Angaben; aus dem bereits angeführten Bericht von Berzelius scheint vielmehr hervorzugehen, dass der vermeintliche Maiskleber nichts anderes ist, als der in Wasser unlösliche und filtrirte Rückstand des Mehls, der alle in Wasser unlöslichen Bestandtheile (auch die Stärke) enthält und mit dem Weizenkleber nichts gemein hat.

einwirken zu lassen. Nach dreimaliger Behandlung ist das Maismehl fast vollständig erschöpft.

Die Extractionsflüssigkeiten werden völlig klar filtrirt und da bei der angegebenen Stärke des Weingeistes auch nach völliger Erkaltung keine Ausscheidung erfolgt, durch Abdestilliren von Spiritus concentrirt. Die Destillation wird unterbrochen, sobald sich die Flüssigkeit zu trüben beginnt, was in der Regel eintritt, wenn die Hälfte der letztern übergegangen und der rückständige Weingeist bis auf einen Gehalt von 50—60 % Alkohol geschwächt ist. Die verbliebene Lösung scheidet nun während der Abkühlung langsam fast die ganze Menge des Fibrins, gemischt mit einer grossen Masse röthlichen Fettes (sofern gelber oder röthlicher Maissame angewandt ist) ab in Form einer zusammenhängenden, zähen, durchscheinenden dicken Haut, welche am Boden der Gefässe festsitzt und von welcher die überstehende Flüssigkeit klar abgegossen werden kann.

Die Concentration der ursprünglichen Lösung darf nicht weiter als bis zu dem bezeichneten Punkte fortgesetzt werden; es scheidet sich, sobald dieselbe erreicht ist und der Weingeist unter etwa 50 % Gehalt an Alkohol herabsinkt, mehr und mehr Fibrin schon in der Hitze aus, das dann in eine unlösliche Modification übergeht und für die weitere Behandlung verloren ist.

Das ausgeschiedene Gemenge von Maisfibrin und Fett kann nun direct der Einwirkung von absolutem Alkohol und Aether, diese nach einander angewandt, ausgesetzt werden, doch ist es besser, eins oder das andere der nachstehend angegebenen Verfahren zu befolgen, um den Proteïnkörper in möglichst reinem Zustande zu erhalten.

Man löst die Substanz unter Erwärmung in Weingeist von etwa 90 % Tr., concentrirt die klare Lösung nöthigenfalls durch Destillation bis zu geringem Volumen und giesst sie dann in eine grosse Menge absoluten Alkohols oder setzt von diesem so lange zur Lösung, bis der grösste Theil des Gelösten gefällt ist [1]). Dieses scheidet sich zunächst als voluminöse, gelbliche Masse von zäh-schleimiger Consistenz, zu einem Klumpen zusammengeballt aus, während ein geringer Theil (neben viel Fett) noch in der Fällungsflüssigkeit gelöst bleibt. Unter der Einwirkung des Alkohols verliert die Masse allmälig ihre schleimige Beschaffenheit, wird dichter, zäher und sehr dehnbar, dass sie, ähnlich zähem Weizenmehlteig, ohne zu zerreissen, lang ausgezogen werden kann, bis sie sich,

---

[1]) Dies geschieht wegen der Eigenschaften des Fibrins am besten in einem Gefäss von starkem Glase oder von Porcellan; zum Durchkneten des Gefällten bedient man sich blanker eiserner Spatel.

nach Behandlung mit neuen Antheilen Alkohol, nach und nach in eine äusserst zähe, etwas weiche, blasenreiche Substanz, ohne alle Dehnbarkeit verwandelt. In diesem Zustande wird sie mit dem Spatel oder Messer in kleinere Stücke zertheilt, um sie dann mit Aether, den man bei Zimmerwärme und oft erneuert, lange Zeit wirken lässt, vollständig von Fettkörpern zu befreien und nachdem dies erfolgt ist, mehrmals noch mit absolutem Alkohol behandelt, dann über Schwefelsäure getrocknet. Diese Austrocknung geht, hat man die Substanz in dünne Scheibchen zerschnitten, sehr rasch vor sich, sehr langsam bei grösseren Stücken, welche selbst nach Wochen innen noch weich und feucht sind.

Völlig getrocknet ist das rohe Maisfibrin von hornartiger Beschaffenheit, gelblicher Farbe, sehr zäh und dabei doch in grössern dünnen Stücken brüchig, aber durch Stossen oder Reiben nicht pulverisirbar.

Andere Behandlungsweisen, als die so eben beschriebene, sind wenig geeignet, die Substanz in vollkommner Reinheit, namentlich frei von Fett und mit Erhaltung aller ihrer Löslichkeitsverhältnisse darzustellen. Trocknet man die ursprüngliche Fällung in der Wärme, so ist sie grösstentheils unlöslich in Weingeist, alkalischen Flüssigkeiten und Säuren; die Trocknung an der Luft oder über Schwefelsäure unter Ausschluss von Wärme ist bei grösseren Massen schwierig und fordert längere Zeit; ausserdem aber lässt sich das trockene hornartige Fibrin, weil es nicht pulverisirbar ist, nur unvollständig von Fett reinigen. Bei Behandlung mit absolutem Alkohol bleiben sämmtliche Eigenschaften, insbesondere die Löslichkeit in den verschiedenen Agentien, unverändert und die Substanz behält eine gewisse Lockerheit, sowie Durchdringlichkeit für Aether, was für die vollständige Entfettung von Wichtigkeit ist.

Eine eigenthümliche Modification des Maisfibrins erhält man, wenn man die concentrirte Lösung in 90 % Weingeist in dünnem Strahl und unter stetem Bewegen der Fällungsflüssigkeit in viel Aether giesst; in Aether unlöslich, wird es hierbei in langen weissen Fäden, die sich allmälig zu weissen Klumpen zusammenballen, gefällt; diese hierauf mittelst Aether völlig entfettet und, nachdem durch absoluten Alkohol der Aether aus der Substanz verdrängt ist, über Schwefelsäure getrocknet, geben eine gummiähnliche klare Masse von gelber Farbe, die sich in Weingeist, aber nicht in Alkalien löst.

Wie durch Aether, so wird die concentrirte Lösung in starkem Weingeist auch durch viel Wasser gefällt, da das Maisfibrin in Wasser unlöslich, in kaltem wässrigen Weingeist sehr wenig nur löslich ist, der

Niederschlag bildet dann anfänglich eine Masse von schleimiger Beschaffenheit, wird aber allmälig consistenter und zuletzt zu einer zähen Substanz ohne Dehnbarkeit. Dieselbe enthält alles Fett; in absolutem Alkohol löst sie sich anfänglich wieder klar auf und wird erst nach Zusatz grosser Mengen desselben wieder gefällt.

Die weingeistige Flüssigkeit, welche nach Ausfällung des Fibrins aus der ursprünglichen Lösung verbleibt, enthält an Proteinkörpern so geringe Mengen, dass man auf deren Gewinnung gänzlich verzichten kann. Enthielte der Mais Pflanzenleim (Gliadin) oder Mucedin, so müssten diese in der erwähnten Flüssigkeit gelöst geblieben sein, doch konnte von beiden Proteinstoffen keine Spur aufgefunden werden. Damit schon ist dargethan, dass diese beiden Körper im Mais nicht vorkommen. Dagegen findet sich in den alkoholischen Flüssigkeiten, welche bei Behandlung des Fibrins mit absolutem Alkohol, namentlich den ersten Portionen, entstehen, noch so viel Fibrin gelöst, neben viel Fett, dass seine Darstellung daraus genügend lohnt. Pflanzenleim enthalten sie ebenfalls nicht.

Von 6 Pfd. (3000 Grm.) gepulvertem Mais, einen grossen Theil grobes Pulver enthaltend, gewann ich nach dem angegebenen Verfahren durch Extrahiren mit 7 Liter Weingeist von 75 % Tr. ca. 140 Grm. Maisfibrin (einige, jedoch nicht erhebliche Verluste ungerechnet), wornach die Ausbeute gegen 5 % beträgt. Stepf[1]) giebt den Gehalt von Maismehl an in Weingeist löslicher stickstoffhaltiger Substanz zu 6,7 % an, ich glaube, dass diese aus Mehl leicht vollständig gewonnen werden kann.

Dieses zunächst erhaltene Produkt will ich in Folgendem blos zur Unterscheidung von anderweiten Produkten mit Rohfibrin bezeichnen.

3) Zusammensetzung des Rohfibrins.

Dasselbe ist im Platinschiffschen leicht verbrennlich und lässt bei der Verbrennung einen nur unerheblichen, nicht wägbaren Rückstand, ist also als aschefrei zu betrachten.

Um aus der zähen Masse ein für die Analyse, insbesondere die Stickstoffbestimmung hinlänglich feines Pulver zu gewinnen, mussten grössere Stücke davon mit einer feinen Stahlfeile zu feinem Pulver gefeilt werden. Die so gepulverte Substanz trocknete man bei 130—140° C. — Die zur Bestimmung von C, H, N und S angewandten analytischen Methoden sind dieselben, welche ich in meinen frühern Mittheilungen über Untersuchungen von Pflanzenproteïnstoffen angegeben habe.

---

1) Journal f. pract. Chemie 76, p. 96.

Analysirt wurden zweierlei Präparate von Rohfibrin:
A) Fibrin, durch Fällung mittelst Alkohol und Entfettung mit Aether,
B) Fibrin, durch Fällung concentrirter Lösung mittelst Eingiessen in viel Aether dargestellt (s. oben).

A.
1) 0,2662 Grm. Subst. gab. 0,5307 CO_2 u. 0,1797 H_2O = 0,1447 C u. 0,0196 H.
2) 0,2791 » » » 0,5599 CO_2 u. 0,1958 H_2O = 0,1527 C u. 0,0217 H.
3) 0,244 » » » 0,8914 CO_2 u. 0,1588 H_2O = 0,134 C u. 0,0176 H.
4) 0,3478 » » » 0,380 Platin = 0,05396 N.
5) 0,2614 » » » 0,2854 Platin = 0,04047 N.
6) 0,799 » » » 0,0404 schwefels. Baryt. — 0,0055 S.

B.
7) 0,2347 » » » 0,4612 CO_2 u. 0,1583 H_2O = 0,1258 C u. 0,0176 H.
8) 0,2902 » » » 0,3810 Pt. = 0,04708 N.

Hiernach ist die procentige Zusammensetzung:

	A.						B.	
	1.	2.	3.	4.	5.	6.	7.	8.
C =	54,36.	54,71.	54,92.	—	—	—	54,71.	—
H =	7,36.	7,77.	7,23.	—	—	—	7,50.	—
N =	—	—	—	15,50.	15,50.	—	—	15,53.
S =	—	—	—	—	—	0,69.	—	—

und das Mittel dieser Analysen:

	A.	B.
C =	54,66.	54,71.
H =	7,45.	7,50.
N =	15,50.	15,53.
S =	0,69.	22,16.
O =	21,70.	

Beide Präparate A und B, verschieden in ihrem Ansehen und ihrer Löslichkeit in Kaliwasser, worin A löslich, B unlöslich ist, haben gleiche Zusammensetzung und müssen als ein und dieselbe Substanz angesehen werden.

4) Versuche zur Zerlegung des Rohfibrins.

Diese Versuche ergaben, dass das Rohfibrin nicht nur eine reine, sondern auch homogene Substanz und weder als Gemenge von Pflanzenleim und Casein, noch als irgend ein anderes Gemenge anzusehen ist.

1) Der verhältnissmässig hohe Gehalt an C und H, so wie der niedrig gefundene Gehalt an N, liessen die Meinung entstehen, es sei das Rohfibrin noch durch bemerkenswerthe Mengen Fett verunreinigt.

Es wurde daher ein Theil Substanz wieder in Weingeist von 80 %/o Tr. gelöst, wobei ein sehr geringer Rückstand unlöslichen Fibrins verblieb, die Lösung so weit concentrirt, dass sie beim Erkalten gelatinirte und als sie erkaltet war, wobei ein beträchtlicher Theil Substanz sich abgeschieden hatte, mit absolutem Alkohol gemischt. Als grössere Mengen desselben zugesetzt waren, erhielt man eine gelbliche klare Lösung, während durchsichtig gallertartige Substanz zurückblieb, unlöslich in kaltem und heissem, starken und schwachen Spiritus. Die Lösung musste nochmals concentrirt werden, gab dann aber mit Alkohol eine Fällung, die in nichts sich von dem frisch gefällten Rohfibrin unterschied. Nachdem sie in früher angegebener Weise mit Alkohol und Aether behandelt, dann getrocknet war (für die Analyse zuletzt bei 140° C) ergab die Analyse Folgendes:

0,1994 Grm. Subst. geb. 0,4004 CO_2 und 0,136 H_2O = 0,1092 C u. 0,0151 H.
0,3265 „ „ „ 0,8542 Pt. = 0,0503 N.

Dies giebt auf Procente berechnet:

C = 54.76.
H = 7.57.
N = 15.45.
O + S = 22.22.

und ist die Zusammensetzung des Rohfibrins.

Die durchsichtig gallertartige Substanz, unlöslich in Weingeist und alkalischem Wasser, erwies sich als Fibrin, das durch längeres Erhitzen (beim Abdestilliren von Spiritus) mit wässerigem Weingeist in die unlösliche Modification übergegangen war, ähnlich wie dies beim Glutenfibrin des Weizenklebers geschieht.

Das Auftreten dieser unlöslichen Modification sowohl wie das Verhalten des Fibrins zu mehr oder weniger Wasser enthaltenden Weingeist hat Stepf zu der irrthümlichen Annahme geführt, dass der in Alkohol lösliche Körper des Maismehls ein Gemenge von Pflanzenleim und Casein sei.

2) Da Rohfibrin in Kaliwasser von 0,1—0,15 Proc. Gehalt an Kali, selbst bei sehr niederer Temperatur vollständig löslich ist, so wurde versucht, auf diesem Wege eine Zerlegung desselben herbeizuführen. Man löste 10 Grm. bei gewöhnlicher Temperatur in Wasser, das bei angegebener Concentration 0,4 Grm. Kali enthielt, filtrirte die nach drei Tagen erhaltene wenig trübe gelbliche Lösung völlig klar und fällte dann mit so viel Essigsäure, dass die Flüssigkeit sehr schwach sauer reagirte. Hierbei schied sich, in reichlicher Menge Substanz in voluminösen, weissen käsigen Flocken ab, rasch zu einer dichteren weissen käsigen Masse, welche leicht filtrirt und mit Wasser gewaschen werden konnte, sich zusammensetzend. Die gefällte

Masse löste sich in starkem Weingeist wieder völlig klar zu einer gelblichen Flüssigkeit, — während Casein, wenn es vorhanden gewesen wäre, als unlöslich in Weingeist, hätte zurückbleiben müssen, — aus welcher absoluter Alkohol, nachdem sie etwas concentrirt war, eine Materie fällte, die keine Verschiedenheit von dem in gleicher Weise gefällten Rohfibrin erkennen liess; ebenso wenn man diese Flüssigkeit mit viel Wasser mischte, um dadurch Fibrin zu fällen. Die Zusammensetzung der gefällten Substanz ist von der des Rohfibrins nicht verschieden, obwohl, wie ich bemerken muss, nach dem Zusatz der Säure ein sehr schwacher Geruch nach Schwefelwasserstoff bemerklich war und ein mit Bleilösung getränktes Papier dicht über der Fällungsflüssigkeit schwach gebräunt wurde.

Die Zusammensetzung ist wie folgt:

0.2102 Grm. gab 0,4214 CO_2 und 0,143 H_2O = 0,1149 C u. 0,0158 H.
0,381 „ „ 0,4254 Pt. = 0,0604 N.
0,9835 „ „ 0,046 schwefelsauren Baryt = 0,0063 S.

in Procenten:

C = 54,66.
H = 7,51.
N = 15,85.
L = 0,65.
O = 21,33.

Mit absolutem Alkohol entwässert und dann über Schwefelsäure getrocknet ist dieses Fibrin gleich dem Rohfibrin von hornartiger Beschaffenheit, zäh und nicht pulverisirbar. In frisch gefälltem Zustande bildet es weisse käsige Flocken, die sich allmälig mehr und mehr zusammenziehen, doch auch dann nur lose an einander haften und der Eigenschaft gänzlich entbehren, in diesem Zustande eine innig zusammenhängende, dehnbare dem Weizenkleber vergleichbare Masse zu bilden. Lässt man etwas grössere Mengen des Niederschlags bei gewöhnlicher Temperatur über Schwefelsäure stehen, so tritt viel Wasser aus, das man klar abgiessen kann, während die Substanz, zu Klümpchen geballt, auseinander reisst und dann langsam zu hornartigen festen Stücken eintrocknet.

Es muss erwähnt werden, dass die Fällungsflüssigkeit nach dem Verdampfen einen Rückstand gab, in welchem ausser essigsaurem Kali nichts Bemerkenswerthes enthalten war.

3) Obwohl die unter 1 und 2 erwähnten Versuche dafür sprechen, dass das Maisfibrin eine homogene Substanz ist, liess sich doch annehmen, dass durch Behandlung mit verdünnten Säuren eine Zerlegung desselben gelingen und es als ein Gemenge zweier oder mehrerer Proteïnkörper er-

kannt werden könnte. Ausführliche, durch analytische Bestimmungen erläuterte Versuche in dieser Richtung habe ich nun zwar nicht angestellt, indessen bieten die nachstehend mitgetheilten qualitativen Versuche kaum eine Aussicht, andere Resultate, als bei den Versuchen unter 1 und 2 zu erlangen.

Die Substanz löst sich bei feiner Zertheilung, z. B. trocken zu feinem Pulver gefeilt, in verdünnter Essigsäure bei längerer Einwirkung zum Theil auf zu einer weisslich trüben Flüssigkeit, niemals aber vollständig, immer mit Zurücklassung einer beträchtlichen Menge ungelöster Materie. Die abgegossene Lösung giebt mit Kali, noch bevor sie neutralisirt ist, einen weissen käsig flockigen Niederschlag, in seinem Verhalten völlig gleich dem, welchen Essigsäure in alkalischer Lösung erzeugt, so dass an der Identität der gefällten Substanzen kaum zu zweifeln ist. Die nicht gelöste Masse löst sich in Kali leicht auf und wird dann durch Säure wieder gefällt, ohne dass sich ein Unterschied von dem auf gleiche Weise gefällten Maisfibrin nachweisen lässt. — Die Löslichkeit in Essigsäure nimmt mit Concentration der letzteren zu und concentrirte Säure (Eisessig) bewirkt vollständig klare Lösung; kochende verdünnte Säure löst nur wenig auf, weil das Fibrin beim Kochen sofort in die unlösliche Modification übergeht. Dieser letztern Beobachtung gegenüber muss jedoch erwähnt werden, dass in der Kälte bereitete Lösung durch Kochen nicht getrübt wird.

Gestützt auf diese, durch häufige Wiederholung der mit mancherlei Abänderungen ausgeführten Versuche, hinlänglich bestätigten Beobachtungen durfte ich annehmen, dass weitergehende Versuche gleich den erwähnten qualitativen, das Resultat haben würden, was die Versuche unter 1 und 2 ergaben, also ebenfalls beweisen würden:

Das Maisfibrin ist kein Gemisch mehrerer Proteïnstoffe, sondern eine durchaus gleichartige Substanz.

In der folgenden Wiederholung der bereits angeführten Analysen von den verschiedenen Präparaten in übersichtlicher Zusammenstellung tritt die grosse Uebereinstimmung in Bezug auf die Zusammensetzung deutlich hervor. Es enthalten:

Rohfibrin.		Fibrin, durch Wiederauflösen in Spiritus u. s. w. erhalten.	Fibrin, in Kali gelöst und durch Säure gefällt.
A.	B.		
C = 51,56.	54,71.	54,76.	54,66.
H = 7,45.	7,50.	7,57.	7,51.
N = 15,60.	15,53.	15,45.	15,85.
S = 0,69.	} 22,26.	22,22.	0,65.
O = 21,70.			21,33.

Hieraus ergiebt sich als Mittel (mit Rücksicht darauf, dass der S gehalt von 0,69 Proc. der richtigere ist):

C = 54,09 Proc.
H = 7,51 „
N = 15,58 „
S = 0,69 „
O = 21,53 „

Stepf, welcher in dem von ihm als Zeïn bezeichneten Körper nur den Gehalt an N bestimmte, fand als Mittel von 4 gut übereinstimmenden Versuchen 15,6 pC. N, welches Resultat mit den von mir erhaltenen übereinstimmt.

5) Eigenschaften und Reactionen des Maisfibrins.

Verschiedene wichtige Eigenschaften sind schon in der bisherigen Darstellung hervorgehoben worden, doch sollen sie, so weit diess nöthig ist, nochmals besonders angeführt werden. Zur richtigen Beurtheilung des Körpers ist namentlich die Kenntniss seiner Löslichkeitsverhältnisse von Bedeutung.

In Wasser löst es sich weder bei gewöhnlicher Temperatur noch beim Kochen damit auf, wird vielmehr in letzterem Falle, ebenso wie bei anhaltendem Kochen mit wässrigem Weingeist, sehr verdünnten Säuren, in eine in Spiritus, verdünnten Säuren und Alkalien unlösliche Modification übergeführt. Bei Bildung derselben aus Lösungen in schwachem Weingeist erscheint die unlösliche Masse frisch, durchsichtig, gallertartig; getrocknet ist sie hornartig, quillt aber in concentrirter Säure wieder zu einer durchsichtigen Gallerte auf, ohne sich zu lösen.

Das Verhalten gegen Weingeist ist je nach der Stärke desselben verschieden. Sehr wässriger Weingeist löst in der Kälte nur Spuren davon auf, in der Hitze einen Theil mit Ueberführung des andern zu unlöslicher Substanz. Bei 50—60 Proc. Tr. Alkoholgehalt erfolgt durch Kochen klare Lösung, die aber erkaltend das Fibrin vollständig wieder abscheidet in Form einer dichten, zusammenhängenden, zähen und durchscheinenden Haut.

Weingeist von 70—90 Proc. Tr. löst schon in der Kälte, und um so leichter, je concentrirter er ist, bei mässigem Erwärmen erfolgt die Auflösung schnell und man erhält eine klare, gelbliche Flüssigkeit, die auch nach völligem Erkalten, wenn 80—90 Proc. Spiritus angewandt war, klar bleibt.

Diese Lösungen in möglichst starkem Spiritus können durch Destillation concentrirt werden, bis der Rückstand ölige Consistenz zeigt, ohne dass nach dem Erkalten, selbst nach Wochen, Gelatiniren eintritt, oder irgend eine Ausscheidung erfolgt, wogegen, wenn schwächerer Spiritus angewendet und dieser durch Destillation noch weiter geschwächt ist, der erkaltete ölige Rückstand sich allmälig trübt und langsam einen Theil Fibrin als zusammenhängende, zähe, gallertartige Substanz abscheidet.

Ein ganz gleiches Verhalten zeigt das Glutenfibrin des Weizenklebers, so dass Maisfibrin in dieser Beziehung, wie noch in mancher anderen, von diesem nicht zu unterscheiden ist.

Eine bis zur öligen Consistenz concentrirte Fibrinlösung in starkem Spiritus, die beim Erkalten nicht gelatinirt, ist sehr geeignet, grössere dünne Platten und Häute von der Stärke einer Collodiumhaut darzustellen. Bringt man eine Anzahl Tropfen davon auf eine gereinigte Glasplatte, bewegt diese so durch Hin- und Herneigen der Platte, dass eine zusammenhängende Flüssigkeitsschicht gebildet wird und überlässt solche dann bei vollkommen horizontaler Lage der Austrocknung, so kann man nach Verlauf einiger Stunden — bei dicker Schicht nach 8—12 Stunden —, löst man mit dem Messer ringsum an den Rändern, die trockne Masse leicht als farblose, zusammenhängende Haut oder Platte ablösen. Beim Trocknen wird die Substanz vorübergehend mattweiss, ist aber völlig trocken immer durchsichtig und klar, in sehr dünner Schicht farblos, bei einiger Dicke jedoch gelblich und etwas matt. Die dünnen Häute besitzen einen solchen Zusammenhang, dass man sie, ohne sie im Geringsten zu verletzen, in beliebiger Weise biegen und falten kann; sie zeigen sich gleich (durch Feilen) gepulvertem Fibrin, stark elektrisch, namentlich frisch dargestellt, indem sie sich begierig an Hände, Messer etc. anhängen; aber auch stärkere Platten sind so biegsam, dass sie sich wie Papier zusammenfalten und rollen lassen, ohne zu reissen, werden jedoch mit der Zeit etwas spröde, so dass sie bei starkem Biegen brechen oder reissen.

Man kann solche Fibrinhäute leicht in fast beliebiger Grösse herstellen und frei von den kleinsten Rissen oder Poren; es ist jedoch für die Gewinnung sehr dünner Häute gut, die concentrirte syrupdicke Lösung mit starkem Spiritus etwas zu verdünnen und die Lösung nicht heiss, sondern kalt auf die Platte zu giessen.

Diese Eigenschaft des Maisfibrins, feste Häute bis zu sehr geringer Dicke zu bilden ist sehr bemerkenswerth und in gleicher Weise bisher wohl noch bei keinem Proteïnkörper beobachtet worden; sehr ähnlich verhält sich, wie ich in früheren Mittheilungen[1]) über die Bestandtheile des Weizenklebers gezeigt habe, das Gluten-Fibrin.

---

1) Erdmann u. Werther, Journal f. pract. Chemie. Bd. 91, p. 307.

Verhalten zu Alkalien und Säuren.

In Bezug auf das Verhalten zu Alkalien ist hervorzuheben, dass sich das Maisfibrin in alkalischem Wasser von 0,1 Proc. Gehalt an Kali oder Natron auch bei niederer Temperatur völlig klar, wenn es vorher getrocknet war, nur etwas langsam zu einer gelblichen Flüssigkeit auflöst; wenig löslich dagegen ist es in Ammoniak, das selbst im concentrirtesten Zustande nur geringe Mengen davon aufnimmt. Aus der Lösung in Kaliwasser wird es durch Zusatz von Säure bis zur sauren Reaction in weissen, voluminösen, käsigen Flocken, die sich allmälig dichter zusammensetzen, unverändert (doch mit Verlust einer sehr kleinen Menge Schwefel) gefällt. Wie bei anderen Proteïnkörpern geben die meisten Metallsalze in dieser Lösung Niederschläge, welche geringe Mengen der angewandten Metalloxyde enthalten.

Basisch phosphorsaure, kohlensaure Alkalien zeigen eben so wenig wie Kalk- oder Barytwasser eine bemerkliche Einwirkung.

Von concentrirter Essigsäure, Eisessig, wird unverändertes Maisfibrin in der Kälte langsam, rascher beim Erhitzen, klar, mit gelblicher Färbung der Flüssigkeit gelöst und bei Zusatz von Kali oder Ammoniak mit den ursprünglichen Eigenschaften wieder gefällt. Verdünnte Säure zeigt eine erhebliche Einwirkung nur dann, wenn die Substanz fein zertheilt ist; beim Erhitzen damit wird dieselbe grösstentheils in die unlösliche Modification übergeführt und beim Abdampfen einer klaren Lösung bilden sich oben auf schwimmende zähe Häute. In dieser Modification wird es auch von Eisessig nicht gelöst, sondern quillt darin nur zur durchsichtigen Gallerte auf.

Eine klare Lösung in Eisessig trübt sich durch Verdünnung mit Wasser stark milchig, ohne, auch bei längerem Stehen, einen Niederschlag zu geben; ebenso erscheinen die bei Behandlung mit kalter verdünnter Säure entstandenen Flüssigkeiten milchig getrübt.

Aus den klaren Lösungen in Eisessig sowohl, wie den trüben in verdünnter Säure fällen gelbes Blutlaugensalz, Lösungen von basisch essigsaurem Blei, essigsaurem Kupfer und zahlreiche andre Salze weisse, käsig flockige, zu zähen Klumpen zusammenballende Niederschläge, die unverändertes Fibrin zu sein scheinen.

Concentrirte Salzsäure giebt nach längerer Einwirkung in der Kälte eine wenig bräunlich gefärbte Lösung, die durch Wasser gefällt wird; violette oder blaue Färbung konnte niemals beobachtet werden [1]).

---

1) Da es nun schon für verschiedene Pflanzenproteïnkörper (z. B. Hafer-Gliadin,

Schwefelsäure, mit ihrem gleichen Volumen Wasser verdünnt, löst nach kurzem Kochen klar mit geringer gelbbrauner Färbung; verdünnt mit Wasser bleibt die erhaltene Flüssigkeit klar und erscheint kaum gefärbt. Erwärmt man trocknes Fibrin, mit **concentrirter reiner Schwefelsäure** durchfeuchtet, einige Zeit im Wasserbade, so löst es sich allmälig farblos auf; auf Zusatz von Wasser wird dann ein Theil gefällt, während ein andrer Theil gelöst bleibt. Die so erhaltene **schwefelsaure Fibrinlösung** ist vorzüglich geeignet, die Reaction auf Proteinstoffe mit **Kupfersalz und Kali** in grosser Schönheit zu zeigen; sie färbt sich damit **prächtig violett**.

Von dem Verhalten gegen Salpetersäure, Phosphorsäure, Wein- und Oxalsäure ist nur zu erwähnen, dass erstere auch bei anhaltendem Kochen Fibrin nur theilweise auflöst (— Säure von 1,2 spec. Gew.) mit den für Proteinkörper charakteristischen Erscheinungen, die übrigen aber keine bemerkenswerthe Wirkung zeigen.

6) Verschiedenheit des Maisfibrins von dem Glutenfibrin des Weizenklebers.

So gross die Aehnlichkeit auch ist, welche das Maisfibrin in seinem Verhalten zu Weingeist, Wasser und verschiedenen andern seiner Eigenschaften, mit dem Glutenfibrin (für welches ich anfänglich den älteren Namen »Pflanzenfibrin« beibehalten hatte), zeigt, so sind doch die Unterschiede namentlich im Gehalt an Stickstoff und in dem Verhalten gegen verdünnte Essigsäure, in welcher Glutenfibrin leicht und klar auflöslich ist, erheblich genug, um dasselbe durch die Bezeichnung **Maisfibrin** (da von einem besonderen Namen Zein nicht die Rede sein kann), von jenem zu unterscheiden. Die Unterschiede in der Zusammensetzung zeigt folgende Vergleichung:

1) **Glutenfibrin des Weizenklebers**[1] (Mittel von 8 Bestimmungen).
2) **Maisfibrin**.

	1.	2.
C =	54,91.	54,69.
H =	7,18.	7,51.
N =	16,89.	15,58.
S =	1,01.	0,69.
O =	20,01.	21,53.

Bohnenlegumin) constatirt ist, dass sie sich in Salzsäure, statt mit blauer oder violetter Färbung, bräunlich gefärbt auflösen, so kann diese Reaction nicht mehr als allen Proteinkörpern gemeinsam angesehen werden.

1) Ritthausen, in Erdmann u. Werther, Journ. f. pract. Chem. 91, p. 307 u. s. w.

Die nahe Beziehung beider Körper zu einander wird nicht nur durch das Verhalten zu Wasser und Weingeist unzweifelhaft angezeigt, sondern auch durch die meisten andern Eigenschaften, z. B. Unlöslichkeit in Ammoniak, basisch phosphorsauren Alkalien, Kalk- und Barytwasser, zähe Beschaffenheit der Niederschläge aus verdünntem Weingeist etc., insbesondere noch durch das Vermögen der etwas concentrirten Lösung in Weingeist von 70–80 Proc. langsam zu gelatiniren und unter verschiedenen Umständen zähe Häute zu bilden.

Zum Schluss mag noch in Kürze der Versuche gedacht werden, sowohl aus frischem, als auch aus dem mit Weingeist erschöpften Maispulver Proteïnstoffe, die dem Legumin oder dem Gluten-Caseïn ähnlich sind, darzustellen. Die Behandlung des frischen Maispulvers mit Kaliwasser (mit 0,1–0,2 Proc. Kaligehalt) ergab nun zwar einen nicht unbeträchtlichen, durch Säuren fällbaren Niederschlag, allein seine Zusammensetzung und sein Verhalten nach dem Trocknen gewährten die Ueberzeugung, dass diese Substanz — (30 Grm. von 2000 Grm. Mais) — ein sehr unreiner Körper war, dessen weitere Verarbeitung keinen Erfolg haben konnte.

Bessere Resultate erzielte ich bei Anwendung von dem mit warmem Spiritus an Maisfibrin erschöpften Pulver, das, nachdem es stark ausgepresst war, sofort mit reichlichen Mengen Kaliwasser von 0,25 Proc. Gehalt an Kalihydrat bei der Temperatur von 8° C. behandelt wurde.

Die nach eintägiger Einwirkung durch Decantiren und Filtriren klar erhaltene Lösung gab mit Essigsäure einen käsig-flockigen Niederschlag, dessen Zusammensetzung nach dem Trocknen gefunden wurde:

			Aschefrei berechnet.
C	=	50,35.	51,41.
H	=	7,05.	7,19.
N	=	17,36[1]).	17,72.
Asche	=	2,07.	
O+S	=	23,17.	}23,68.

Hiernach kommt derselbe in seiner Zusammensetzung nahe mit dem Proteïnkörper der Lupinen und Mandeln, welchen ich Conglutin[2]) nannte, überein, wie eine Zusammenstellung (auf folgender Seite) zeigt.

Da die Ausbeute aus 6 Pfd. Mais nur ca. 15 Grm. betrug, so habe ich von weiteren Versuchen, die Uebereinstimmung mit dem genannten

---

1) Mittel von zwei Bestimmungen, die 17,40 und 17,32 Proc. N ergaben.
2) Journal f. pract. Chem. Bd. 103, pg. 78–85.

Conglutin sicher festzustellen, absehen müssen, und muss diess spätern Untersuchungen vorbehalten bleiben.

	Conglutin.		Substanz aus
	süsse Mandeln	gelbe Lupinen	Mais.
C =	50,24.	50,83.	51,41.
H =	6,81.	6,92.	7,19.
N =	18,37.	18,40.	17,72.
S =	0,45.	0,91.	} 23,68.
O =	24,13.	23,24.	

Ueber die Proteïnstoffe des Hafers.

Von
Dr. U. Kreusler.

Die Proteïnkörper des Hafers sind bereits Gegenstand einiger Untersuchungen gewesen, doch weichen die Angaben darüber erheblich von einander ab. Norton[1], der sich am ausführlichsten damit beschäftigte, glaubt in dem Hafer einen besonderen Proteïnkörper annehmen zu müssen, welchen Johnston mit dem Namen Avenin belegte. Das Avenin soll sich nach Norton dem Legumin ähnlich verhalten, während die Resultate seiner Analysen gegen die Identität beider Körper sprechen. Nächstdem führt Norton »Glutin« als einen Bestandtheil des Hafers auf[2].

Die Untersuchungen Nortons geben kein ganz klares Bild von dem Sachverhalt. Die Analysen weichen erheblich von einander ab und diese, sowie die von Norton angewandten Darstellungsmethoden berechtigen zu dem Schluss, dass er es nicht mit scharf ausgeprägten Verbindungen, sondern mit Gemengen von wechselnder Zusammensetzung zu thun hatte.

Es wurden auch bereits Zweifel gegen die Existenz des Avenin erhoben, oder man trug wenigstens Bedenken, dasselbe als einen selbstständigen Körper anzuerkennen; von Bibra[3] z. B. bezeichnet das Avenin als »Pflanzen-

---

[1] Pharmac. Centralbl. 1847, p. 484 u. 1848, p. 241. Vgl. ferner Will, Jahresbericht für 1847—48, p. 844.
[2] Pharmac. Centralbl. 1847, p. 485.
[3] »Die Getreidearten und das Brod«, p. 323.

leim mit Legumin«; dabei fand von Bibra für diesen »Pflanzenleim« den auffallend niederen Stickstoffgehalt von 15,6 %.

Auf Anregung des Herrn Prof. Dr. Ritthausen habe ich eine Reihe von Versuchen angestellt, um wo möglich der Lösung der Frage näher zu kommen. Es wurden hierbei im Wesentlichen dieselben Methoden angewandt, deren sich Ritthausen bei seinen Untersuchungen der Proteïnverbindungen bediente.

Als Bestandtheile des Weizenklebers fand Ritthausen Pflanzenfibrin (Glutenfibrin), Mucedin und Pflanzenleim, ferner Glutencaseïn, einen dem Legumin sehr ähnlichen, vielleicht als damit identisch anzusehenden Körper. (Vgl. hierüber Journal f. pr. Chem. CIII, 215.)

Im Roggensamen liessen sich von den genannten Stoffen nur Mucedin und Glutencaseïn nachweisen [1]).

Bei der Untersuchung des Hafers musste selbstverständlich auf das mögliche Vorkommen aller dieser Stoffe Rücksicht genommen werden; da einige derselben in Weingeist sich auflösen, andere dagegen nicht, so empfahl es sich von vorn herein, eine getrennte Behandlung des Hafers einerseits mit Weingeist, anderseits mit wässrigen Lösungsmitteln vorzunehmen.

I. Verhalten gegen Weingeist.

Nachdem ein Vorversuch ergeben, dass Spiritus von mittlerer Stärke überhaupt Proteïnsubstanzen aus dem Hafer auszieht, wurden zwei ℔ Haferschrot mit 3 Liter Spiritus von 80 % Tr. übergossen und während 6 Stunden unter häufigem Umschütteln der Einwirkung bei gewöhnlicher Temperatur überlassen. Es wurde sodann durch Leinen filtrirt, der Rückstand ausgepresst und noch einmal derselben Behandlung mit einer gleichen Menge Spiritus unterworfen. Die vereinigten alkoholischen Flüssigkeiten — durch nochmaliges Filtriren durch Papier völlig geklärt — wurden durch Destillation im Wasserbade auf etwa $\frac{1}{3}$ des ursprünglichen Volums gebracht. Der Destillationsrückstand war gelb gefärbt und etwas getrübt. Nach 24 Stunden hatte sich daraus eine zähe, durchscheinende Masse von bernsteingelber Farbe abgeschieden. Bei weiterem Concentriren der überstehenden Flüssigkeit wurden nach einander noch zwei ähnliche Abscheidungen gewonnen, die aber nicht mehr klar und durchsichtig waren, sondern eine weisse flockigschleimige Substanz beigemengt enthielten [2]).

---

1) Journal f. pr. Ch. XCIX, 441.

2) Die zuletzt restirende sehr wässrige Flüssigkeit gab beim Eindampfen im Wasserbad einen braunen Syrup von aromatischem Geruch und süssem dabei etwas

Die ausgeschiednen zähen Massen wurden gemeinsam in Spiritus von 80 % unter gelindem Erwärmen aufgelöst und die Flüssigkeit durch Destillation concentrirt. Beim Erkalten schied sich daraus die Hauptmenge der gelösten Substanz von Neuem als halbflüssige, ziemlich durchsichtige Masse ab. Dieselbe wurde nach Entfernung der überstehenden Flüssigkeit mit absolutem Alkohol übergossen: es bildeten sich weisse Flocken, die sich aber rasch zusammenballten und als zähe Masse an die Gefässwände setzten. Diese — mit (A) zu bezeichnende — Fällung wurde mit Aether behandelt, bis derselbe nichts mehr aufnahm, dann mit absolutem Alkohol entwässert und bei gewöhnlicher Temperatur über Schwefelsäure getrocknet. Die über (A) stehende Flüssigkeit wurde durch Abdestilliren des Spiritus concentrirt und von Neuem mit absolutem Alkohol versetzt, es erfolgte eine Abscheidung (B) von gleicher Beschaffenheit, die genau wie (A) mit Aether extrahirt und mit absolutem Alkohol entwässert wurde. In ganz gleicher Weise wurde noch eine dritte Fällung (C) erhalten. Die zuletzt resultirende Flüssigkeit wurde in Aether gegossen, wobei ein Niederschlag entstand, den man mit (C) vereinigte und in angeführter Weise mit Aether [1]) und absolutem Alkohol behandelte.

Die so erhaltenen Präparate waren von lockerer krümlicher Beschaffenheit, leicht zerreiblich. (A) war vollkommen weiss, die anderen besassen einen Stich ins Gelbliche. Gegen Reagentien zeigten alle drei fast vollkommen gleiches Verhalten, sie waren wohl nur hinsichtlich der Reinheit einigermassen verschieden.

In kaltem Wasser quollen die Substanzen allmälig auf, wurden zähe und durchscheinend, es löst sich dabei wenig oder gar nichts (die Flüssigkeiten waren nicht absolut klar zu filtriren); Kupfervitriol und Kali gaben einen kaum merklichen violblauen Schein [2]).

In viel siedendem Wasser waren die Präparate fast ganz klar löslich, die Lösungen trübten sich beim Erkalten, wurden beim Erhitzen

---

bittern Geschmack. Die Asche dieses Syrups bestand hauptsächlich aus phosphorsaurem Kali, enthielt nur geringe Mengen von NaO; Cl und SO_3 und kaum Spuren von CaO; MgO und CO_2.

1) Die verschiedenen ätherischen Auszüge hinterliessen als Destillationsrückstand eine ansehnliche Menge Fett, welches im Kohlensäurestrom bei Wasserbadhitze getrocknet wurde. Dasselbe erstarrte beim Erkalten zu einer hellgelben Masse, die sich aber schon bei der Wärme der Hand wieder verflüssigt.

2) Ueber diese sehr schöne und sichere Reaction, die von Humbert angegeben, von Ritthausen aber besonders empfohlen wurde, siehe Journ. f. pr. Ch. CII. 376.

wieder klar. Die Lösung in heissem Wasser zeigte die Kupferreaction sehr deutlich.

Weingeist von 80 % Tr. löste die Substanzen, auch wenn sie zuvor mit Wasser gekocht waren, leicht auf. Zusatz von viel Wasser bewirkt Fällung; ebenso absoluter Alkohol: es entstehen anfangs flockige Niederschläge, die sich aber bald zusammenballen und als zähe Masse an die Gefässwandung ansetzen.

Kali löst selbst in sehr verdünntem Zustande (1 p. mill.) leicht auf. Die Lösung wird gefällt durch HgO, NO_3; AgO, NO_3 (weisse gelatinöse Niederschläge); basisch essigsaures Blei; Eisenchlorid; Kupfervitriol, so wie durch reichlichen Zusatz von NaO, $CO2$; KCfy und anderen Salzen. Jodlösung war ohne Einwirkung.

Essigsäure löste im mässig verdünnten Zustande besonders bei gelindem Erwärmen leicht zu einer klaren Flüssigkeit.

Schwefelsäure, mit dem gleichen Volumen Wasser verdünnt, gibt beim Kochen eine klare, kaum gefärbte Lösung; nur bei (C) war sie schwach bräunlich und schied nach dem Verdünnen mit Wasser allmälig bräunliche Flocken ab.

Concentrirte Salzsäure löste in der Wärme klar und farblos, nach längerem Stehen trat schwach röthlich-braune Färbung ein.

Salpetersäure (von 1,2 sp. Gew.) löste in der Wärme leicht mit hellgelber Farbe unter geringer Gasentwicklung; die Lösung trübt sich beim Erkalten, stärker aber auf Zusatz von Wasser, der Niederschlag löste sich in Kali mit sattgelber Farbe.

Diese Reactionen stimmen im Wesentlichen mit den von Ritthausen für den Pflanzenleim aus Weizenkleber [1]) aufgeführten überein, so dass die Vermuthung sich rechtfertigte, es läge hier Pflanzenleim von vielleicht noch unvollkommener Reinheit vor. Einige zur Orientirung ausgeführte Stickstoffbestimmungen ergaben folgende Zahlen: (Die Substanzen wurden bei 130° C. getrocknet)

Erste Fällung (A) 0,242 Grm. gaben 0,2775 met. Platin, entspr. 0,03927 N = 16,22 %.
0.233 Grm. gaben 0,267 Pt. entspr. 0.03778 N = 16.21 %.
Dritte Fällung (C) 0,252 Grm. gaben 0,274 met. Plat., entsp. 0,03877 N = 15,86 %.

Der reine Pflanzenleim enthält nach Ritthausen [2]) 18,0 % Stickstoff.

Es war daher zu versuchen, ob sich aus den vorliegenden Substanzen nicht stickstoffreichere Körper isoliren liessen. Zu dem Ende wurden alle drei Präparate wieder vereinigt und in verdünnter Essigsäure gelöst; durch

---

1) Journ. f. pr. Ch. LXXXVIII, 142.
2) Journ. f. pr. Ch. LXXXVIII. 141.

allmäligen Zusatz von verdünnter Kalilösung erhielt ich daraus drei partielle Fällungen, die mit wenig Wasser gewaschen, sodann in bekannter Weise mit absolutem Alkohol entwässert wurden.

Die Analyse ergab jetzt Folgendes:

Fällung I 0.293 Grm. gaben 0.3315 Pt. entspr. 0.0469 N = 16,0 %.
Fällung II 0.272 Grm. gaben 0.3175 Pt. entspr. 0.0449 N = 16,51 %.
Fällung III war ganz geringfügig.

Das eingeschlagene Verfahren erfüllte also insofern seinen Zweck, als die Substanz sich dadurch in der That in einen stickstoffreicheren und einen stickstoffärmeren Antheil zerlegen liess.

Da aber das von Anfang nicht reichliche Material eine Wiederholung der Operation nicht zuliess, so musste zunächst solches von Neuem beschafft werden.

Um wo möglich eine grössere Ausbeute zu erzielen, wurde nunmehr heisser Spiritus zur Extraction des Hafers verwandt. 5 à Haferschrot wurden mit 5 Liter Spiritus von 80 % Tr. übergossen; man erwärmte im Wasserbad bis nahe zum Sieden und liess sodann noch ½ Stunde unter häufigem Umschütteln einwirken. Dann wurde abfiltrirt, ausgepresst, nochmals mit der gleichen Menge Spiritus in der Wärme behandelt und im Uebrigen genau verfahren wie oben angegeben. Nachdem der meiste Spiritus durch Destillation entfernt, erfolgte eine ziemlich reichliche Ausscheidung der oben beschriebenen zähen Masse; dieselbe wurde nach Beseitigung der überstehenden Flüssigkeit mit absolutem Alkohol behandelt: Nachdem sich die anfangs flockige Fällung zu Boden gesetzt, wurde mit Aether entfettet und mit absolutem Alkohol entwässert. Die Ausbeute betrug etwa 20 Grm. eines Präparates, welches in Eigenschaften und Reactionen dem von der früheren Darstellung ganz gleich kam; nur war dasselbe nicht vollständig löslich in Essigsäure. Der Stickstoffgehalt war noch etwas niedriger wie früher:

0,258 Grm. gaben 0,280 Pt. entspr. 0.0396 N = 15,36 %.

Als die Substanz wie zuvor mit verdünnter Essigsäure behandelt wurde, blieb ein nicht unbeträchtlicher Theil ungelöst; dieser Rückstand, der auch in Spiritus nur schwierig löslich war, wurde für sich mit absolutem Alkohol behandelt und analysirt:

0.2515 Grm. gaben 0,265 Pt. entspr. 0.0375 N = 14,81 %.

Im Uebrigen unterschied sich derselbe äusserlich nicht wesentlich von dem ursprünglichen Gemenge. Die essigsaure Lösung wurde genau in der oben erörterten Weise allmälig mit Kali neutralisirt, und auf diese Weise drei partielle Fällungen gewonnen; die beiden ersten entstanden bei noch ziemlich stark vorwaltender Essigsäure, die dritte — durch vollständiges Neutralisiren der Flüssigkeit erhalten — war nicht reichlich genug, um zur genaueren Untersuchung zu dienen. Die Analyse der beiden ersten Fällungen ergab folgendes Resultat:

Fällung I 1) 0.2465 Grm. gaben 0.296 Pt, entsp. 0.04188 N
Fällung II {2) 0.3286 Grm. gaben 0.398 Pt, entspr. 0.0563 N
           {3) 0.216 Grm. gaben 0.423 CO_2 u. 0.139 H_2O

	1.	2.	3.
C	—	—	53.41
H	—	—	7.15
N	16,99	17.14	—

Nach Abscheidung der in Essigsäure unlöslichen Substanz hat sich also der Stickstoffgehalt wesentlich erhöht, ohne noch den Stickstoffgehalt des Pflanzenleims zu erreichen; zugleich deutet der hohe Kohlenstoffgehalt mit Wahrscheinlichkeit auf Verunreinigung mit einem stickstoffärmeren Körper.

Das ganz gleiche Verhalten und die nahe Uebereinstimmung ihres Stickstoffgehalts bewog mich, die beiden Präparate wieder zu vereinigen und eine anderweitige Zerlegung zu versuchen.

Die gesammte Substanz wurde mit Spiritus von 60 % Tr behandelt, wobei in gelinder Wärme klare Lösung erfolgte. Die Lösung war bräunlichgelb gefärbt, trübte sich beim Erkalten und es bildete sich eine eigenthümliche firnissartige Abscheidung, fadenziehend und von starkem Seidenglanz, wenn man sie mit einem Glasstab gegen die Gefässwandungen rieb. Mit starkem Alkohol (96 %) übergossen, verwandelte sich der Firniss in weisse Flocken, die aber bald wieder zu einer zähen Masse zusammenklebten.

Die Lösung, aus der die Abscheidung erfolgt war, gab mit absolutem Alkohol versetzt ganz ähnliche Flocken und schliesslich dieselbe zähe Masse. Man trug deshalb kein Bedenken, beide zu vereinigen. Bei wiederholter Einwirkung von absolutem Alkohol verlor sich allmälig die zähe Beschaffenheit, die Substanz wurde bröcklich und leicht zerreiblich; sie wurde nach möglichster Entfernung des Alkohols über Schwefelsäure getrocknet. Sie stellte jetzt eine fast ganz weisse Masse von lockerer Beschaffenheit dar (Präparat A). Der zum Fällen benutzte Alkohol enthielt noch eine ansehnliche Menge Substanz gelöst, die durch Concentriren der Flüssigkeit und abermaliges Fällen mit absolutem Alkohol gewonnen wurde. Das so erhaltene Präparat (B) war im Aeussern durch Nichts von dem ersteren zu unterscheiden.

Die Analyse ergab Folgendes:

(A) 1) 0.256 Grm. gaben 0.3205 Pt, entspr. 0.04535 N

(B) {
2) 0,2745 Grm. gaben 0.324 Pt. entspr. 0.04585 N
3) 0,2575 Grm. gaben 0.497 CO_2 und 0.1775 H_2O.
}

	(A)	(B)	
	1.	2.	3.
C	—	—	52.64
H	—	—	7.66
N	17.71	16.70	—

Da die Substanzen bei Gegenwart von ziemlich viel freier Essigsäure niedergefallen und es somit immerhin nicht undenkbar war, es könne etwas Essigsäure hartnäckig zurückgehalten werden, so wurde das Verfahren wiederholt und in sofern modificirt, als man (A) nochmals in Essigsäure löste und Kali bis zur völligen Neutralisation hinzufügte.

Der etwas mit Wasser gewaschene Niederschlag wurde mit absolutem Alkohol behandelt, dann nochmals in Spiritus von 60% gelöst und aus dieser Lösung mit absolutem Alkohol gefällt.

(B) wurde ebenfalls nochmals in Spiritus gelöst und durch Zusatz von absolutem Alkohol von Neuem gefällt.

Von Neuem ausgeführte Analysen ergaben jetzt folgende Zahlen:

(B) {
1) 0,255 Grm. gaben 0.3115 Pt. entspr. 0,04408 N
2) 0,242 Grm. gaben 0.296 Pt. entspr. 0,04188 N
3) 0,247 Grm. gaben 0.4795 CO_2 und 0.1715 H_2O.
}

(B) {
4) 0.253 Grm. gaben 0.3075 Pt. entspr. 0,0435 N
5) 0,220 Grm. gaben 0,4285 CO_2 und 0.1615 H_2O.
}

Es berechnet sich hieraus:

	(A)			(B)	
	1.	2.	3.	4.	5.
C	—	—	52,94	—	53.12
H	—	—	7.71	—	8,15
N	17.28	17.80	—	17,20	—

Vorstehende Zahlen weisen aus, dass beide Substanzen in ihrer Zusammensetzung fast genau übereinstimmten (der unter 5. gefundene ausnahmsweise hohe Wasserstoffgehalt findet hinreichende Erklärung in der unterlassenen sorgfältigen Austrocknung des vorgelegten metallischen Kupfers). Zugleich war ersichtlich, dass die Behandlung mit 60procentigem Spiritus und nachheriges Fällen mit absolutem Alkohol sich vorzugsweise zur Erzielung stickstoffreicherer Producte eignete; es wurde daher das Verhalten in dieser Richtung weiter verfolgt. Beide Präparate wurden wieder vereinigt und von Neuem durch gelindes Erwärmen mit 60gräd. Spiritus in Lösung gebracht.

Die Lösung war braungelblich gefärbt und vollkommen klar, trübte sich aber beim Erkalten sofort und schied eine firnissartige Masse ab, welche dunkel gefärbt war, während die darüber befindliche Flüssigkeit viel heller erschien als zuvor. Der Firniss wurde noch zweimal in frischem Spiritus gelöst und jedesmal beim Erkalten genau von derselben Beschaffenheit wiedergewonnen; endlich wurde mit absolutem Alkohol behandelt, wodurch bröckliche, ziemlich leicht zerreibliche Stücke von weisser, etwas ins Graugelbe spielender Farbe erhalten wurden.

Von den vereinigten weingeistigen Flüssigkeiten wurde die Hauptmenge des Spiritus abdestillirt; beim Erkalten des trübe gewordenen Destillationsrückstandes schied sich noch eine ansehnliche Menge einer undurchsichtigen zähen Masse ab, die in gleicher Weise entwässert und getrocknet wurde. Eine Stickstoffbestimmung ergab Folgendes:

Es wurden erhalten aus 0.269 Grm. Substanz 0.327 Pt, entspr. 0.04627 N oder 17,20 %.

Die wiederholt in 60procentigem Weingeist gelöste und wieder ausgeschiedene Substanz dagegen gab folgende Daten [1]):

1) 0.2425 Grm. gaben 0.3035 Pt, entspr. 0,04295 N
2) 0.255 Grm. gaben 0.495 CO_2 und 0,174 H_2O
3) 0.1945 Grm. gaben 0,375 CO_2 und 0.134 H_2O
4) 0.9565 Grm. gaben 0.119 BaO, SO_3, entspr. 0.01633 S
5) 1.026 Grm. gaben 0,120 BaO, SO_3, entspr. 0,0165 S

	1.	2.	3.	4.	5.
C	—	52,94	52.59	—	—
H	—	7,58	7,65	—	—
N	17.71	—	—	—	—
S	—	—	—	1.71	1.61

Die Analyse unter 2. war auf gewöhnliche Weise, die unter 3. aber unter Einschaltung eines mit Bleihyperoxyd gefüllten Röhrchens ausgeführt worden; bei dem relativ hohen Schwefelgehalt von 1,66 % im Mittel muss die letzte Kohlenstoffbestimmung als die maassgebende angesehen werden.

---

1) Hinsichtlich der Analysen sei bemerkt, dass sämmtliche Verbrennungen im Platinschiffchen unter Anwendung eines Luftstromes ausgeführt und im Sauerstoffstrom vollendet wurden. Der Stickstoff wurde in bekannter Weise durch Glühen mit Natronkalk bestimmt; da der erhaltene Platinsalmiak meist stark gefärbt war, so wurde das Gewicht des beim Glühen resultirenden metallischen Platins der Berechnung zu Grunde gelegt.

Der Schwefel wurde in der Weise bestimmt, dass man die Substanz in Form kleiner Stücke in ein (unter Zusatz von etwas Wasser) geschmolzenes Gemenge von 10 Th. Kalihydrat und 5 Th. Salpeter auf 1 Th. Substanz eintrug und die Masse unter fortwährendem Umrühren mit einem Silberspatel erhitzte bis sie vollständig weiss erschien. Das Austrocknen der Substanzen geschah bei 130° C.

Vergleicht man diese Zahlen mit den von Ritthausen für die Zusammensetzung des Pflanzenleims aus Weizen [1]) gefundenen:

	Pflanzenleim aus Weizen.	Substanz des Hafers.
C...	52,60	52,59
H...	7,00	7,65
N...	18,06	17,71
S...	0,85	1,66
O...	21,49	20,89
	100,00	100,00

so ergiebt sich, dass hier einerseits eine grosse Uebereinstimmung stattfindet, andrerseits aber auch wesentliche Abweichungen vorhanden sind.

Wenn man den constant höher gefundenen Wasserstoffgehalt berücksichtigt, so wie ferner, dass die Substanz fast genau doppelt so viel Schwefel enthält als der Pflanzenleim, so kann man beide Körper unmöglich als identisch ansehen; auf der anderen Seite versteht man sich ungern dazu, Körper, die einander in der übrigen Zusammensetzung so wie in ihrem ganzen Verhalten so nahe kommen, die in allen wesentlichen Reactionen übereinstimmen, von einander zu trennen und mit verschiedenen Namen zu belegen.[2]) Die Substanz mag daher vorläufig als »Pflanzenleim des Hafers« oder »Hafer-Gliadin« bezeichnet werden.

Wie bereits erwähnt, zeigt der Pflanzenleim des Hafers fast ohne Ausnahme alle Reactionen des Pflanzenleims aus Weizenkleber, die wichtigsten seien hier nochmals aufgeführt. (Vgl. Ritthausen, Journ. f. pr. Ch. LXXXVIII, 142.)

Bei gleichem Erhitzen schmilzt die Masse, bläht sich dann stark auf und hinterlässt eine schwer verbrennliche Kohle.

Salpetersäure von 1,2 sp. Gew. löst bei gelindem Erwärmen leicht

---

1) Journ. f. pr. Ch. LXXXVIII, 141.
2) Es ist eine räthselhafte Eigenthümlichkeit auch bei anderen Proteinstoffen, dass sich bei grösster Uebereinstimmung in allen wesentlichen Eigenschaften doch die verschiedene Herkunft durch eine auffallende Abweichung in den Mengenverhältnissen des einen oder des anderen Bestandtheiles geltend macht; wodurch denn auch das abweichende Verhalten bei einzelnen Reactionen bedingt sein mag. — So stimmt z. B. nach Ritthausen (Journ. f. pr. Ch. CIII, 81) das Legumin der gelben Lupinen mit dem der Mandeln völlig überein, nicht allein in allen Eigenschaften, sondern auch in der Zusammensetzung — mit alleiniger Ausnahme des Schwefels, dessen Gehalt bei den Lupinen das Doppelte von dem des Legumins aus Mandeln beträgt. Ein ähnliches Verhältniss findet statt zwischen dem Legumin aus Erbsen, Linsen, Wicken etc. einerseits und dem Legumin (Glutencasein) des Weizenklebers und Roggensamens andererseits (vgl. Ritthausen Journ. f. pr. Ch. CIII, 215).

auf unter mässiger Gasentwicklung. Die Lösung ist hellgelb und klar, trübt sich aber beim Erkalten; auf Zusatz von Wasser fallen Flocken nieder, die sich in Kali mit intensiv gelber Farbe auflösen.

Eine gesättigte Lösung von **Weinsäure** nimmt die Substanz beim Erwärmen leicht auf, die Lösung bleibt auch nach dem Erkalten klar.

Oxalsäure wirkt selbst in heiss gesättigter Lösung und bei längerem Kochen nur wenig ein.

Essigsäure löst auch im verdünnten Zustande leicht zu einer klaren Flüssigkeit.

Kali löst in selbst sehr verdünnter Lösung leicht auf, beim Erhitzen tritt Zersetzung ein; auf Zusatz einer Säure tritt der Geruch nach Schwefelwasserstoff auf.

Ammoniak löst ebenfalls klar auf, aber weit langsamer als Kali.

Auch mit **Kalk-** und **Barytwasser** entstehen klare Lösungen.

Das **Millon'sche Reagens** giebt die bekannte rothe Färbung.

Kaltes Wasser löst kaum Spuren der Substanz; diese quillt darin auf und wird durchscheinend.

Heisses Wasser löst mehr davon, die Lösung wird beim Erkalten milchig getrübt.

Die Lösung in **Kali** gibt mit vielen Metallsalzen flockige Niederschläge (HgO, NO_3; AgO, NO_3; Bleiessig fällen weiss; Eisenchlorid gelblich, Kupfervitriol blau etc.) **Ferrocyankalium** gibt erst bei reichlichem Zusatz eine Trübung, die beim Verdünnen mit Wasser wieder verschwindet; es scheint dadurch nur unveränderter Leim ausgeschieden zu werden. Aehnlich verhält sich **Chlorcalcium**.

In **essigsaurer Lösung** entstehen durch Ferrocyankalium so wie durch Chlorcalcium ebenfalls Abscheidungen von anfangs flockiger, später zäher Beschaffenheit, die augenscheinlich von unverändertem Leim herrühren.

Schwefelsäure — mit dem gleichen Volum Wasser verdünnt — löst beim Kochen ohne Färbung auf; die Flüssigkeit bleibt nach dem Verdünnen mit Wasser klar.

Die Lösung in concentrirter **Salzsäure** ist kaum gefärbt und wird auch bei längerem Stehen nicht merklich verändert (Pflanzenleim aus Kleber löst sich mit blauer Farbe).

Weingeist von mittlerer Stärke löst besonders in gelinder Wärme sehr leicht, die Lösung ist klar, aber stets gelbbräunlich gefärbt. Am löslichsten scheint die Substanz in Weingeist von etwa 60 % zu sein; aus einer einigermassen concentrirten, warm bereiteten Lösung scheidet sich beim Erkalten ein grosser Theil des Leims als zähfliessende Masse von gelbbrauner Farbe und starkem Seidenglanz wieder aus. Sehr mässiges Erwärmen jedoch genügt, ihn wieder in Lösung zu bringen. Die Lösung in Spiritus wird durch viel Wasser gefällt, ebenso durch absoluten Alkohol: es entstehen weisse Flocken, die sich rasch zu einer zähen Masse vereinigen.

Lässt man eine concentrirte weingeistige Lösung über Schwefelsäure eintrocknen, so bleibt der Leim als durchsichtiger spröder, gelblich gefärbter Ueberzug zurück, der von vielen Rissen durchzogen ist, sich aber nicht von selbst von den Gefässwänden ablöst.

II. Verhalten gegen Wasser.

Ein Versuch im Kleinen ergab, dass reines Wasser nur äusserst wenig von den Proteïnkörpern des Hafers auflöst; es kann dies nicht befremden, da das Haferschrot beim Anrühren mit Wasser diesem sofort eine stark saure Reaction ertheilt. Daher wurde so viel Kali zugesetzt, dass die Masse eine eben merkliche alkalische Reaction zeigte. Bei einem Versuche wurden $1^1/_2$ Pf. Hafer (im eisernen Mörser thunlichst fein zerstossen) mit 5 Liter Wasser behandelt; es waren, um die saure Reaction aufzuheben, über 3 Grm. Kalihydrat erforderlich. Unter häufigem Umschütteln blieb das Gemisch etwa 12 Stunden an einem kühlen Orte stehen, dann wurde es durch ein feines Sieb geschlagen, der Rückstand mit Wasser ausgewaschen und die Flüssigkeit über Nacht der Ruhe überlassen. Dabei setzte sich die Stärke ziemlich vollständig ab; die Flüssigkeit, welche eine bräunliche Farbe besass und noch von Fett getrübt war, wurde abgehoben und mit verdünnter Essigsäure bis zu deutlich saurer Reaction versetzt. Es entstand ein grauweisser Niederschlag von voluminöser, feinflockiger Beschaffenheit. Derselbe wurde durch Absetzenlassen und Filtriren von der völlig klar gewordenen Flüssigkeit getrennt und auf dem Filter erst mit schwachem Spiritus (etwa 40 %, Tr.) gewaschen, dann mit 80procentigem Spiritus übergossen. Durch die Einwirkung des letzteren wurde der Filterinhalt bald dichter, schrumpfte zusammen, bekam Risse und liess sich leicht vom Filter trennen. Die Masse wurde nun in einer verschliessbaren Flasche anhaltend mit starkem Spiritus extrahirt, sodann mit Aether behandelt, bis dieser Nichts mehr daraus aufnahm.

Nach möglichster Entfernung des Aethers durch Pressen wurde die Substanz einige Zeit (12—24 Stunden) der Einwirkung von absolutem Alkohol überlassen, um die letzten Wasserantheile zu entfernen; dann über Schwefelsäure getrocknet und von den letzten Resten von Alkohol durch längeres Erwärmen bei Wasserbadtemperatur befreit. Die so erhaltene Masse bildete locker zusammenhängende, leicht zerreibliche Stücke von erdigem Ansehen und weisser, etwas ins Graue spielender Farbe; sie hatte ganz die Beschaffenheit der von Ritthausen [1]) auf analoge Weise dargestellten Leguminpräparate. Auch durch das Verhalten gegen Reagentien wurde eine auffallende Aehnlichkeit mit Legumin constatirt. Kaltes Wasser war ohne merkliche Einwirkung, es löste nicht so viel davon, um die bekannte Kupferreaction zu geben; auch kochendes Wasser löste nichts auf. Schwefelsäure mit dem gleichen Volum Wasser verdünnt, löste beim Kochen zu einer dunkel rothbraunen Flüssigkeit, die nach dem Verdünnen mit Wasser anfangs klar blieb, bald aber bräunliche Flocken fallen liess. Verdünnte Kalilösung (circa 1 p. mille Kalihydrat enthaltend) löste die Substanz leicht auf; die Lösung besass eine bräunliche Farbe, war aber nicht ganz klar und liess nach längerer Ruhe einen geringen Bodensatz bemerken, der — wie sich später herausstellte — aus Stärke bestand. In der alkalischen Lösung entstand durch Essigsäure ein reichlicher weisser, flockiger Niederschlag, leicht löslich im Ueberschuss des Fällungsmittels.

Auch die trockene Substanz löste sich ziemlich leicht in mässig verdünnter Essigsäure, die Lösung war nicht völlig klar. Durch Kochen mit Wasser ging die Löslichkeit in Kali wie in Essigsäure fast vollständig verloren.

Um die der Substanz noch beigemengte Stärke zu entfernen, wurde sie mit kalihaltigem Wasser (1:1000) behandelt, wobei die Lösung bei häufigem Umschütteln ziemlich rasch erfolgte. Die trübe Lösung klärte sich in der Ruhe fast vollständig und konnte von dem stärkehaltigen Bodensatz abgehoben werden. — Der aus dieser Lösung durch Essigsäure gefällte Körper hatte nach Behandlung mit Spiritus und absolutem Alkohol und Trocknen über Schwefelsäure die oben angeführten Eigenschaften und zeigte die erwähnten Reactionen nur in so fern modificirt, als sich keine Stärke mehr darin nachweisen liess. Bei einem Theil der Substanz hatte der absolute Alkohol nicht hinreichend lange eingewirkt, es resultirten in Folge dessen dichte und harte hornartige Stücke von bräunlicher Farbe; die Löslichkeitsverhältnisse hatten dabei keine Veränderung erlitten. Die gesammte Ausbeute an stärkefreier Substanz betrug etwa 40 Grm. (aus 1½ Pf. Hafer).

Zu einer anderweitigen Darstellung wurde der bereits mit kaltem Spiritus extrahirte Hafer benutzt. Es wurden auf 2 Pf. desselben 4 Liter Wasser und 4 Grm. Kalihydrat angewandt, im Uebrigen aber ganz in der oben beschriebenen Weise gearbeitet. Auch hier resultirte zunächst ein stärkehaltiges Produkt, das daher nochmals in kalihaltigem Wasser gelöst

---

1) Journ. f. pr. Ch. CIII. 68.

und von Neuem gefällt werden musste. Das so gewonnene Präparat (circa 45 Grm.) zeigte alle Eigenschaften des vorigen. Ein drittes Präparat endlich wurde aus Hafer gewonnen, der schon behufs der Gewinnung von Pflanzenleim mit heissem Spiritus extrahirt worden war. Es kamen auf 5 Pf. Hafer 8 Liter Wasser und 10 Grm. Kalihydrat in Anwendung. Erhalten wurden etwa 90 Grm. eines schön weissen Präparates, das sich aber auch noch nicht frei von Stärke erwies und daher in der angegebenen Weise gereinigt werden musste. Da es die niedere Temperatur gestattete, so wurde diesmal die alkalische Lösung durch Papier filtrirt, eine Operation, die bei häufiger Erneuerung der Filter etwa 8 Tage in Anspruch nahm. Die vereinigten Filtrate wurden mit Essigsäure gefällt und im Uebrigen wie oben verfahren.

In Bezug auf die unten angeführten Analysen will ich vorausschicken, dass ich mich dabei genau an die von Ritthausen in Anwendung gebrachten Methoden hielt. Der Phosphorsäuregehalt derartiger Präparate lässt einerseits keine genaue Aschenbestimmung nach dem gewöhnlichen Verfahren zu, andererseits erfolgt aus diesem Grunde die Verbrennung im Schiffchen niemals vollständig. Es wurde daher die Substanz sowohl zum Zwecke der Aschenbestimmung, als auch bei der Elementaranalyse mit reinem frisch ausgeglühten dreibas. phosphorsauren Kalk möglichst innig gemischt (Vgl. hierüber Journ. f. pr. Ch. CIII, 73). So liessen sich die Analysen in befriedigender Weise ausführen. Um den Schwefel zu bestimmen, wurde die Substanz in Form kleiner Stücke in ein schmelzendes Gemenge von Kalihydrat und Salpeter eingetragen; die Phosphorsäurebestimmung geschah in derselben Weise; die in Wasser gelöste Schmelze wurde mit Salpetersäure übersättigt, die Phosphorsäure hieraus zunächst mit Molybdänflüssigkeit gefällt und dann erst auf bekannte Weise in die wägbare Form gebracht.

In der folgenden Zusammenstellung bedeutet (A) das Präparat von der ersten Darstellung ohne vorhergegangene Behandlung des Hafers mit Spiritus; bei (B) war der Hafer vorher mit kaltem, bei (C) dagegen mit heissem Spiritus von 80 % Tr. extrahirt worden [1]).

---

1) Analytische Belege:

Präparat (A): Kohlen- und Wasserstoffbestimmung: 0.232 Grm. der bei 140° C. getrockneten Substanz gaben 0.436 CO_2 und 0.165 H_2O, entsprechend 51.25 % C. und 7.90 % H.

Stickstoff: 0.241 Grm. (bei 140° getr.) gaben 0.282 met. Platin, entsprechend 0.0399 N oder 16,56 %.

Schwefel und Phosphorsäure. Weil bei der hornartigen Beschaffenheit des zu diesen Bestimmungen verwandten Materials das Trocknen irgend grösserer Mengen

	(A)	(B)	(C)
C	51.25	—	50,63
H	7.90	—	7.86
N	16,56	16,74	17,28
S	0.94	—	—
PO_4	1.36	—	—
Asche	1,61	—	1,85

sehr zeitraubend war, so wurde die lufttrockne Substanz zur Analyse verwandt und das Resultat auf den Gehalt an Trockensubstanz, welchen eine gleichzeitig angestellte Trockenbestimmung ergab, umgerechnet.

Bei der Trockenbestimmung (bei 140° C) hinterliessen 1.856 Grm. der lufttrocknen Substanz 1.7345 Grm. Rückstand, entspr. 93.45 % Trockensubstanz.

Bei der Bestimmung des Schwefels ergaben 0.951 Grm. luftr. Subst. 0.062 BaO, SO_3 mit 0.0085 Schwefel, entspr. 0.895 %, der lufttrocknen oder 0.96 % der wasserfreien Subtanz. Ferner gaben 0.9915 Grm. 0.062 BaO, SO_3 mit 0.0085 Schwefel, entsprechend 0.86 %, der lufttrocknen oder 0.92 % der wasserfreien Substanz. Mittel beider Bestimmungen 0,94 % S.

Bei Bestimmung der Phosphorsäure ergaben 1.006 Grm. luftr. Substanz 0.020 2 MgO, PO_4. entsprechend 0.0128 PO_5 oder 1.27 % der lufttrocknen und 1,36 % der wasserfr. Substanz.

Bestimmung der Asche. Da hierzu feingepulverte Substanz angewandt werden musste, so war auch hiervon eine Trockenbestimmung zu machen. 1.419 Grm. hinterliessen nach dem Trocknen bei 140° einen Rückstand von 1.293 Grm., entsprechend 91,12 % Trockengehalt. Die Substanz wurde, wie bereits erwähnt, vor dem Einäschern mit bas. phosphors. Kalk gemengt, welcher unmittelbar vorher im Platintiegel geglüht und mit diesem zusammen gewogen worden war. Es hinterliessen:

    1) 0,8165 Grm. (lufttr.) 0.012 Rückstand = 1.47 %.
    2) 0,8865 Grm. „ 0,012 „ = 1,35 %.
    3) 0,8195 Grm. „ 0.013 „ = 1.58 %.

Es betrug der Aschengehalt also im Mittel 1.47 % der lufttrocknen oder 1,61 der wasserfr. Substanz.

Präparat (B); Stickstoff, (getr. bei 140° C) 0.2435 Grm. gaben 0.288 Pt., entspr. 0.04075 C = 16,74 %.

Präparat (C) (Zu allen Bestimmungen getrocknet bei 140° C); Kohlenstoff und Wasserstoff:

    1) 0.200 Grm. gaben 0.3705 CO_2 und 0,1415 H_2O, entsp. 50.52 % C und 7,86 % H.
    2) 0.215 Grm. gaben 0,400 CO_2 und 0.152 H_2O, entspr. 50,74 % C und 7,85 % H.
Mittel: 50,63 % C und 7.86 % H.

Stickstoff 0.2415 Grm. gaben 0.295 Pt. entspr. 0.0417 N = 17,28 %.

Asche: 1.002 Grm. hinterliessen beim Einäschern mit phosphors. Kalk 0,0185 Rückstand = 1.85 % Asche.

Auf asche- und phosphorsäurefreie Substanz berechnet erhält man:

	(A)	(B)
C ...	52,09	51,58
H ...	8,03	8,01
N ...	16,83	17,61
S ...	0,96	—
O ...	22,09	—
	100,00	

Diese Zusammensetzung lässt sich weder mit der des Legumins aus Erbsen, Linsen etc.[1], noch mit der des Glutencaseïns aus Weizen und Roggen[2] in völligen Einklang bringen; doch sind die Abweichungen wohl kaum bedeutend genug, um die Annahme eines besondern Proteïnkörpers zu rechtfertigen. Offenbar waren die untersuchten Substanzen noch nicht genügend rein; die erhebliche Differenz bei obigen Analysen — namentlich im Stickstoffgehalt — lässt darüber keinen Zweifel.

Aus dem ganzen Verhalten und den Reactionen ergibt sich die grösste Uebereinstimmung mit dem Legumin, resp. Glutencaseïn (letzterem entspricht der höhere Schwefelgehalt). Die wichtigsten Reactionen mögen hier nochmals ihren Platz finden.

Die Verbindung ist in kaltem wie heissem Wasser unlöslich; beim Kochen mit Wasser quellen die Stücke jedoch stark auf. Die Substanz löst sich langsam aber in beträchtlicher Menge in kalihaltigem Wasser; die Lösung ist stets bräunlich gefärbt; sie wird beim Kochen zersetzt, so dass Zusatz von Säure den Geruch nach Schwefelwasserstoff hervorruft. Essigsäure fällt aus der alkalischen Lösung die unveränderte Substanz in grauweissen Flocken. Auch basisch phosphorsaure Alkalien in wässeriger Lösung nehmen etwas von der Substanz auf, doch erfolgt keine klare Lösung.

Essigsäure löst die frischgefällte Substanz mit Leichtigkeit; die getrocknete etwas langsamer auf, die Lösung war nie absolut klar. Alkalien schlagen aus der essigsauren Lösung unveränderte Substanz nieder. Ferrocyankalium fällt die essigsaure Lösung, nicht aber die alkalische. Nach dem Kochen mit Wasser ist die Substanz in Kali wie in Essigsäure unlöslich geworden, mit letzterer bildet sich jedoch eine durchscheinende, äusserst voluminöse Gallerte.

Weinsäurelösung nimmt ebenfalls in der Wärme leicht auf, die Flüssigkeit ändert sich nicht beim Erkalten. Oxalsäure wirkt nur höchst unbedeutend ein.

---

1) Vergl. Ritthausen, Journ. f. pr. Ch. CIII. 208.
2) Journ. f. pr. Ch. XCIX. 444.

Schwefelsäure, mit dem gleichen Volum Wasser verdünnt, löst beim Kochen zu einer klaren, dunkelrothbraunen Flüssigkeit, die auch beim Verdünnen mit Wasser klar bleibt.

Concentrirte Salzsäure löst die getrocknete Substanz nur langsam auf, die Lösung färbt sich allmählich unrein rötblichblau.

Da bei der Darstellung und Reinigung dieser Präparate grosse Mengen von Weingeist in Anwendung gekommen waren, so liess sich nicht annehmen, dass die Substanz darin in merklicher Menge löslich sei. Als jedoch eine Probe mit Spiritus von 60 % einige Zeit bis nahe zum Sieden erhitzt wurde, zeigte sich, dass dieser so viel davon aufgenommen hatte, dass er die bekannte Kupferreaction sehr deutlich zeigte. Beim Erkalten trübte sich der Spiritusauszug und schied eine geringe Menge einer flockigen Substanz aus.

Um zu constatiren, ob der fragliche Proteïnkörper als solcher in Weingeist löslich sei, oder ob es sich hier nur um eine darin lösliche Verunreinigung handle, wurden die Präparate (A und C) jedes für sich wiederholt und anhaltend mit 60gräd. Spiritus ausgekocht. Es zeigte sich hierbei, dass die ersten Auszüge relativ viel, die späteren immer weniger gelöst enthielten. Die Extraction wurde fortgesetzt, bis der Spiritus nichts Merkliches mehr aufnahm. Schon beim Erkalten der Spiritusauszüge schieden dieselben eine weisse flockige Masse ab, die sich beim Einengen der Lösung noch vermehrte. Am reichlichsten trat die Substanz bei dem Präparat (A) auf, welches von zuvor nicht mit Spiritus behandeltem Hafer herstammte. Aber auch das Präparat (C), das aus wiederholt mit heissem Spiritus ausgezogenen Hafer herrührte, erwies sich noch nicht frei von in Spiritus löslichen Bestandtheilen.

Die Gesammtmenge der aus dem Spiritusauszug gewonnenen Substanz reichte nicht zu einer genaueren Untersuchung hin; es waren nach dem Trocknen lockere Stücke von wenig Zusammenhang und grauweisser Farbe; so weit die geringe Menge eine Beurtheilung zuliess, muss man auf — wiewohl sehr unreinen — Pflanzenleim schliessen. Die getrocknete Substanz löste sich nicht wieder vollständig in Spiritus. Eine Stickstoffbestimmung ergab 16,38 %.

Es war von Interesse, die Zusammensetzung der in dieser Weise von den in Spiritus löslichen Beimengungen befreiten Präparate von Neuem festzustellen und unter einander zu vergleichen. Die unlöslichen Rückstände wurden daher getrocknet, nachdem man sie vorher mit etwas absolutem Alkohol entwässert hatte. Die folgenden Analysen beziehen sich auf bei 140° C getrocknetes Material.

(A) bedeutet wie früher das direct aus Hafer ohne Anwendung von

Spiritus, (C) das aus zuvor mit heissem Spiritus extrahirten Hafer gewonnene Präparat.

(A)
1) 0,2075 Grm. gaben 0,396 CO_2 und 0,138 H_2O.
2) 0,242 Grm. gaben 0,292 met. Pt. entspr. 0,04132 N.
3) 0,9905 Grm. gaben 0,061 BaO, SO_3 mit 0,00837 S.
4) 1,000 Grm. gaben 0,013 Asche.

(B)
5) 0,2365 Grm. gaben 0,442 CO_2 und 0,1525 H_2O.
6) 0,214 Grm. gaben bei Anwendung von vorgelegtem Bleihyperoxyd 0,3995 CO_2 u. 0,1415 H_2O.
7) 0,264 Grm. gaben 0,312 Pt. entspr. 0,04415 N.
8) 1,082 Grm. gaben 0,054 BaO, SO_3, darin 0,00741 S.
9) 1,099 Grm. gaben 0,020 Asche.

	(A)				(B)				
	1.	2.	3.	4.	5.	6.	7.	8.	9.
C	50,73	—	—	—	50,97	50,91	—	—	—
H	7,39	—	—	—	7,16	7,35	—	—	—
N	—	17,07	—	—	—	—	16,72	—	—
S	—	—	0,84	—	—	—	—	0,72	—
Asche	—	—	—	1,30	—	—	—	—	1,82

Auf aschenfreie Substanz berechnet (mit Zugrundelegung der Analyse unter 6., die unter Anwendung von PbO_2 ausgeführt wurde) ergiebt sich:

	(A)	(B)
C	51,40	51,85
H	7,49	7,49
N	17,29	17,03
S	0,85	0,73
O	22,97	22,90
	100,00	100,00

Wie sich aus diesen Analysen ergibt, hat die Behandlung mit Spiritus eine nahezu vollständige Uebereinstimmung der vorher in ihrer Zusammensetzung erheblich von einander abweichenden Präparate herbeigeführt. Es dürfte hiernach der Schluss gestattet sein, dass einerseits eine Verunreinigung der beiden Substanzen mit Pflanzenleim und ausserdem wohl noch mit einem an Kohlenstoff reicheren Körper vorlag, welche Verunreinigungen durch die Anwendung des Spiritus beseitigt wurden; und dass andrerseits die Ergebnisse der letzten Analysen sich nicht wesentlich von der wahren Zusammensetzung der fraglichen Substanz entfernen.

Der Legumin-ähnliche Proteïnkörper des Hafers hätte demnach, wenn man aus beiden Analysen das Mittel nimmt, folgende Zusammensetzung:

C .. 51,63
H .. 7,49
N .. 17,16
S .. 0,79
O .. 22,93
─────
100,00

In Folgendem sind diese Ergebnisse mit der mittleren Zusammensetzung des Legumin aus Erbsen [1]) etc., sowie mit der des Legumin (Glutencaseïn) aus Roggen und Weizen [2]) (nach Ritthausen) zusammengestellt.

	Proteïnkörper des Hafers.	Legumin aus Erbsen etc.	Glutencaseïn aus Weizen.	Glutencaseïn aus Roggen.
C	51,63	51,48	51,0	51,23
H	7,49	7,02	6,7	6,70
N	17,16	16,77	16,1	15,96
S	0,79	0,40	0,8	1,04
O	22,93	24,33	25,4	25,07
	100,00	100,00	100,0	100,00

Aus einer Vergleichung dieser Analysen ersieht man, dass trotz mancher Abweichungen — besonders auffallend ist der constant so hoch gefundene Wasserstoffgehalt — die Zusammensetzung dieses Hafer-Proteïnstoffes sich doch im Ganzen nicht allzu weit von der des Legumin entfernt, und dass es daher vielleicht passender ist, diesen Körper als »Haferlegumin« zu bezeichnen, als ihm einen besonderen Namen zu geben.

Wesentlich spricht hierfür die völlige Uebereinstimmung im ganzen Verhalten mit dem Legumin, die an den allerdings noch nicht ganz reinen Präparaten constatirt wurde.

Es verdient bemerkt zu werden, dass die durch Kochen mit Spiritus gereinigten Präparate ihre Löslichkeit in Kali wie in Essigsäure fast vollständig eingebüsst hatten und sich daher den meisten der damit anzustellenden Reactionen unzugänglich erwiesen, so weit dies aber nicht der Fall war, zeigte sich, wie vorauszusehen war, nach wie vor dieselbe grosse Uebereinstimmung mit dem Legumin.

───────

1) Journ. f. pr. Ch. CIII. 208.
2) ibid. XCIX. 444.

Ueber die Einwirkungen der schwefeligen Säure auf die Vegetation.

Von

Dr. M. Freytag, Professor.

Von meinen Beobachtungen und Feststellungen über die Einwirkungen der Hüttendämpfe industrieller Etablissements auf die Vegetation benachbarter Grundstücke habe ich in den vorjährigen Mittheilungen der landwirthschaftlichen Akademie — Festschrift bei Gelegenheit des fünfzigjährigen Jubiläums der Universität S. 32 u. folg. — diejenigen veröffentlicht, welche dazu gedient hatten festzustellen, ob und welche Culturpflanzen Zinkverbindungen aufzunehmen vermögen, und welche Störungen bei den vitalen Functionen dadurch hervorgebracht werden.

Wie ich damals aus der Klasse der Metallverbindungen das Zinkoxyd herausgegriffen hatte, so erlaube ich mir heute unter den Säuren, welche von chemischen Fabriken oder technischen Anlagen der Luft sich zugesellen, und eine Einwirkung auf die Vegetation der Nachbarschaft auszuüben vermögen, die schwefelige Säure auszuwählen, und über diejenigen Versuche schon jetzt zu berichten, welche ich angestellt habe, um nachzuweisen, ob und unter welchen Bedingungen gerade die schwefelige Säure Störungen in den vitalen Functionen der verschiedenen Culturpflanzen hervorzubringen vermag.

Zwei Gründe haben mich vorzugsweise zur vorläufigen Veröffentlichung dieses Capitels bestimmt. Einmal nämlich dürfte kaum eine andere Säure so häufig und so massenhaft entwickelt der Luft zugeführt werden — natürlich mit Ausnahme der für die Vegetation absolut nothwendigen Kohlensäure, — weil die schwefelige Säure nicht nur bei allen Röstprozessen, also bei den metallurgischen Verarbeitungen der Schwefelmetalle entsteht, sondern sich auch beim Verbrennen der Steinkohlen sowie aller der fossilen Brennmaterialien, welche Schwefelmetalle eingeschlossen enthalten, bildet, so dass fast jeder Schornstein und insbesondere die Kamine aller industrieller Etablissements, in welchen Steinkohlen massenhaft verbrannt werden, als Quellen der Exhalationen von schwefeliger Säure zu betrachten sind. Andererseits galt es zwar gewissermassen als Axiom, dass grössere Mengen schwefeliger Säure der Luft beigemengt Pflanzen und Bäume beschädigen und auf die Dauer vernichten; es war jedoch bisher noch niemals zuverlässig ermittelt, bei welchem Prozentgehalt an schwefeliger Säure in der Luft und unter welchen Nebenbedingungen eine Beschädigung der verschiedenen Pflanzengattungen eintritt, und wie dieselbe verläuft.

Die schädliche Wirkung der schwefeligen Säure kann möglicher Weise entweder darin bestehen, dass nur die von ihr befallenen Vegetabilien beschädigt, resp. vernichtet werden, oder dass der Boden selbst, auf welchem die Pflanzen wachsen, durch Aufnahme derselben unfruchtbar, d. h. unfähig wird, Culturgewächse normal herzubringen.

Was nun zunächst die Veränderungen des Ackerlandes selbst durch eine Luft betrifft, welche schwefelige Säure enthält, so kann nur die Wirkung der verdünnten Schwefelsäure in Betracht kommen, weil erstens die ursprünglich gebildete schwefelige Säure sich schon in der feuchten Luft rasch oxydirt, und weil zweitens die mit der atmosphärischen Feuchtigkeit dem Boden etwa noch zugeführte schwefelige Säure in der allerkürzesten Zeit durch den im Boden vorhandenen ozonisirten Sauerstoff in Schwefelsäure übergeführt wird. Belege für diese Behauptungen glaube ich darin gefunden zu haben, dass ich einmal bei wiederholten Analysen von frisch gefallenem in der Nähe von Röstöfen und in der Windrichtung aufgefangenem Regenwasser stets relativ nur geringe Mengen schwefeliger Säure, dagegen den grösseren Theil der letzteren stets schon in Schwefelsäure umgewandelt vorfand, welche mehr oder minder neutralisirt war, so dass das Wasser nur schwach sauer reagirte. Ich erlaube mir zur Erläuterung nur ein Beispiel anzuführen. Zu Borbeck bei Essen befindet sich eine der Gesellschaft des Altenbergs gehörige Zinkhütte, in welcher Zinkblende geröstet und nach schlesischem Verfahren Zink reducirt und destillirt wird. Gerade während des Räumens der Schmelzöfen entwickelt sich ein bedeutender Qualm, während die Röstung ununterbrochen gleichmässig vor sich geht. Am 23. April 1868 Morgens fiel während des Räumens der Schmelzöfen plötzlich ein heftiger Regen bei starkem Südwestwinde, so dass alle Dämpfe in nordöstlicher Richtung etwa 125 Ruthen von der Hütte durch den Regen und Wind niedergeschlagen zu werden schienen. Hier wurden nun in ganz neuen porzellanen Gefässen 2428 Kubikcentimeter Regenwasser aufgefangen. Dieses Wasser wurde in einer Glasflasche mit Glasstopfen aufbewahrt und demnächst von mir analysirt. Dasselbe war trübe, gab beim ruhigen Stehen einen Bodensatz und reagirte ganz schwach sauer. Von schwefeliger Säure konnten nur Spuren darin aufgefunden werden. Nach einigen Tagen waren auch diese nicht mehr nachzuweisen.

Das Resultat einer ganz sorgfältig ausgeführten chemischen Analyse ergab, dass sich im Liter dieses Regenwassers fanden:

Im Wasser unlösliche, suspendirte Stoffe ...... 0,061 gramm
Im Wasser gelöste Substanzen............... 0,167 „

und zwar bestanden die im Wasser suspendirten Stoffe aus:

organischer Substanz........................ 0,019 gramm
Zinkoxyd................................. 0,011 „
Eisenoxyd................................ 0,009 „
In Säuren unlösliche Materie .... 0,022 „
Summa 0,061 gramm.

und die im Wasser gelösten Stoffe aus:

Schwefelsäure .... 0,085 gramm
Zinkoxyd .... 0,075 „
Ammoniak .... 0,008 „
Summa 0,169 gramm.

so dass im Liter Wasser aufgelöst erschienen:

Schwefelsaures Zinkoxyd .... 0,149 gramm
Schwefelsaures Ammoniak ... 0,012 „
Freie Schwefelsäure......... 0,006 „
Summa 0,167 gramm.

Ausserdem habe ich zu den verschiedensten Zeiten und aus den verschiedensten Gegenden, wo grössere Mengen von schwefeliger Säure in die Luft entwichen, Proben von Ackererden entnommen, und auf einen Gehalt an schwefeliger Säure geprüft. Obgleich die allerempfindlichsten Reagentien auf schwefelige Säure zur Anwendung gebracht wurden, indem einerseits der wässrige Auszug der Proben mit chemisch reinem Zink und reiner Schwefelsäure im Wasserstoffentwicklungsapparate auf Spuren von Schwefelwasserstoff geprüft, andererseits mit einer Lösung von Jod im Jodkalium versetzt und auf etwa entstandene Jodwasserstoffsäure untersucht wurde, so konnten doch nur in der alleröbersten, noch keinen Zoll betragenden Schicht der Ackerkrume Spuren von schwefeliger Säure darin nachgewiesen werden, wenn bei trockner Witterung das Feld direct von den Röstgasen getroffen wurde. In tieferen Schichten und besonders nach anhaltendem Regen habe ich selbst nach Spuren von schwefeliger Säure vergebens gesucht [1]).

---

1) Die ganz geringen Spuren von schwefeliger Säure, oder auch umgewandelter, aber noch unverbundener Schwefelsäure in der obersten Erdschicht könnten eventuel die Keimfähigkeit der frisch in die Erde gebrachten Samen alteriren. Um mir in dieser Beziehung Gewissheit zu verschaffen, machte ich mir schwefligsaures Wasser mit 0,1 %, 0,2 % und 0,25 % schwefeliger Säure und ebenso Wasser, welches 0,1 %, 0,2 % und 0,25 % Schwefelsäure enthielt und liess in Bechergläsern mit diesen sechs

Die verdünnte Schwefelsäure muss sich vermöge ihrer Natur sehr schnell mit Basen verbinden und so neutralisirt werden. Die Analyse des Regenwassers, welches bei Borbeck gesammelt und analysirt worden ist, ergiebt, dass sie sich schon in der Atmosphäre theilweise neutralisirt. Die noch unverbundene Schwefelsäure muss in den Boden eindringend sofort sich mit den hier stets vorhandenen kohlensauren Salzen namentlich des Kalks, der Magnesia und des Ammoniaks derart zersetzen, dass Kohlensäure entweicht und schwefelsaure Salze zurückbleiben. Was in der alleorobersten Schicht nicht neutralisirt ist, wird durch das Wasser schnell in die tieferen Schichten übergeführt und hier neutralisirt, weil der Boden weder für freie verdünnte Schwefelsäure, noch für lösliche schwefelsaure Salze als solche ein Absorptionsvermögen besitzt, wie ich durch eine grosse Reihe von Versuchen nachgewiesen habe. Hieraus allein ist schon der Schluss gerechtfertigt, dass die Ackerkrume solcher Ländereien, welche von schwefeliger Säure getroffen werden, auf die Dauer keine freie Schwefelsäure enthalten können. Ich habe jedoch ausserdem zwei und zwanzig Bodenproben aus der Umgebung der genannten Zinkhütte von Borbeck in verschiedenen Entfernungen und Windrichtungen entnommen und auf einen Gehalt an freier Schwefelsäure derart geprüft, dass ich mir von je 100 gramm derselben einen wässerigen Auszug gemacht, mit etwas Zuckerlösung versetzt und im Wasserbade zur Trockne verdampft habe. Hierbei trat in keinem Falle eine Schwärzung und der Geruch nach zersetztem Zucker auf, was bei vorhandener freier Schwefelsäure unfehlbar eingetreten wäre. Ausdrücklich bemerke ich hierbei, dass die wässerigen Auszüge der meisten Proben sauer reagirten, was von vorhandenen organischen Säuren herrührte, welche ihre Entstehung einer mangelhaften Verwesung in dem nassen undurchlassenden Boden verdankten.

Die kleine Menge von schwefelsauren Salzen, welche unzweifelhaft unter solchen Bedingungen in den Ackererden sich bilden, kann unter keinen Umständen nachtheilig wirken. Denn selbst da, wo der Boden Ueberfluss an Sulphaten besitzt, werden schwefelsaurer Kalk, schwefelsaure Magnesia und schwefelsaures Natron rasch von dem Wasser gelöst und theils in den Untergrund, theils mit dem Wasser noch weiter fortgeführt[1]). In den

---

verschiedenen Sorten Wasser die Samen von Weizen, Hafer, Erbsen und Mais 24 Stunden bei 15 bis 18° C. liegen. Die sämmtlichen Samen quollen auf und diejenigen im schwefligsauren Wasser nahmen eine schöne hellgelbe Farbe an. Nach 24 Stunden wurden je 100 Körner jeder Sorte in hierzu präparirten Beeten gesät und überall fand ein gleichmässiges Keimen statt, sodass von 100 Körnern 80 und darüber ganz normale Pflanzen erzeugten.

1) Filtrirt man sehr verdünnte Lösungen von schwefelsauren Salzen durch eine

meisten Fällen aber wird der Boden wegen solcher systematischen Auslaugungen Mangel an Sulphaten haben. Da nun die Pflanzen der schwefelsauren Salze nothwendig bedürfen, um den Schwefel zur Bildung der schwefelhaltigen organischen Stoffe zu verwenden, da ferner die Bewurzelung der Pflanzen in einem Boden, welcher schwefelsaure Salze, namentlich schwefelsauren Kalk enthält, sich viel kräftiger entwickelt und weil endlich die Schwefelsäure, resp. die schwefelsauren Salze, sich zum Fixiren des Ammoniaks und zur zweckmässigen Vorbereitung der mineralischen Pflanzennährstoffe im Boden am Besten eignen, so versetzt man in allen rationell betriebenen Wirthschaften die Düngerhaufen, die Jauche und fast alle Hülfs- und Nebendünger, namentlich das Knochenmehl und den phosphorsauren Kalk, so wie den Guano mit Schwefelsäure, wirft Eisenvitriol (schwefelsaures Eisenoxydul) in Abtrittsgruben, Senken und Jauchebehälter, bestreut den Fussboden der Viehställe, sowie die Düngerhaufen mit gemahlenem Gyps (schwefelsaurem Kalk) oder in neuerer Zeit mit schwefelsaurer Kali-Magnesia, und bringt sogar mit nicht unerheblichem Kostenaufwande verdünnte Schwefelsäure oder noch häufiger Gypspulver direct auf den Acker. Wenn nun durch Vermittelung der schwefeligen Säure den benachbarten Feldern Schwefelsäure unentgeltlich und in sehr geringem Maasse aber gleichmässig zugeführt wird, so kann hierin nur eine Verbesserung des Ackers gefunden werden.

Ich halte mich daher berechtigt, mit voller Bestimmtheit auszusprechen, **dass das Land selbst durch die aus der Luft sich niederschlagende schwefelige Säure, resp. Schwefelsäure unter keinen Umständen in seiner Bodenbeschaffenheit nachtheilig verändert wird.**

Ganz anders liegt die Frage über die Einwirkung der schwefeligen Säure, resp. der daraus durch Oxydation entstandenen Schwefelsäure direct auf die Vegetation.

Es ist bekannt, dass Luft, welche einen namhaften Prozentgehalt an schwefeliger Säure enthält, dem thierischen Leben nachtheilig, sogar auf die Dauer tödtlich wird, weshalb man schwefelige Säure zur Vernichtung der Raupen und schädlichen Insecten mit dem besten Erfolge anwendet. Eben

---

grössere Schicht Ackererde, so geht zwar stets eine Umsetzung derselben mit Bestandtheilen des Bodens derart vor sich, dass andere schwefelsaure Salze in dem Filtrat neben dem ursprünglich angewendeten sich vorfinden, und ein Theil der vorher damit verbunden gewesenen Base zurückbleibt; die Gesammtmenge der im Filtrat enthaltenen Schwefelsäure ist jedoch stets nahezu gleich derjenigen, welche vorher aufgegossen worden war.

so steht fest, dass grössere Mengen von schwefeliger Säure der Luft beigemengt Pflanzen und Bäume derart beschädigen, dass die Blätter gelblich braun werden, als ob sie vom Rost befallen seien, zusammenschrumpfen, sich spiralförmig aufrollen und absterben. Ganz gleiche Erscheinungen können jedoch auch durch andere Ursachen hervorgebracht werden. Einmal wirken Dämpfe anderer Säuren, z. B. der Salzsäure, der Essigsäure, sehr ähnlich, andererseits erhalten die Blätter der Pflanzen in Folge Erfrierens, bei anhaltender Dürre mit intensivem Sonnenschein, durch mangelhafte Ernährung und aus Ursachen, welche bisher noch nicht vollständig ergründet sind, wie nach dem Befallen mit Rost oft ein ganz analoges Aussehen, so dass selbst der Sachkenner sich über die Ursache der Pflanzenkrankheit täuschen kann. In allen diesen Fällen wird ja die stickstoffhaltige Chlorophyllkernmasse alterirt und unfähig weiter zu assimiliren, so dass die davon betroffenen Blätter aufhören zu functioniren und absterben.

Wenn es nun auch feststeht, dass schwefelige Säure in grosser Menge den Pflanzen verderblich wird, so ist bisher noch nicht zuverlässig ermittelt, bei welchem Prozentgehalt an schwefeliger Säure in der Luft und unter welchen andern Bedingungen eine Beschädigung der Blätter der verschiedenen Pflanzengattungen eintritt und wie dieselbe verläuft. Alle Forscher, welche sich mit der Beantwortung der vorliegenden Frage in etwa beschäftigt haben, experimentirten mit Pflanzen in Blumentöpfen unter Glasglocken und leiteten Luft, welche mehr oder minder mit schwefeliger Säure gesättigt war, in diesen Raum, oder führten durch Verbrennen von Schwefel, resp. durch Aufgiessen eines gesättigten schwefeligsauren Wassers auf heissen Sand der durch die Glasglocke abgesperrten Luft schwefelige Säure zu. Auf solche Weise ermittelte beispielsweise Regierungsrath Dr. Pappenheim zu Arnsberg, dass durch Einwirkung grösserer Mengen schwefeliger Säure das Chlorophyll der Blätter gelblich gefärbt, zum Theil gelöst und durchsichtig gemacht wird; dass es ihm jedoch zur Beschädigung der Pflanzen nothwendig schien, dass die schwefelige Säure sich mit Wasserdampf in Tröpfchen auf denselben niederschlug, dagegen das nicht zur Ausfällung mit Wasserdampf kommende schwefeligsaure Gas unwirksam sei. Einige Tropfen gesättigter schwefeligsaurer Lösung in die concave Fläche eines Blattes von sedum purpurascens gebracht, erzeugte während 24 Stunden ein bis auf die Epidermis der unteren Blattfläche ausgefressenes, einem Chanker ähnliches Loch.

Es liegt auf der Hand, dass alle solche Versuche, so lehrreich sie sonst sind, zur Entscheidung der Frage über die Einwirkung der Hottendämpfe auf die benachbarte Vegetation nichts beitragen können, weil einmal auf die quantitativen Verhältnisse gar keine Rücksicht genommen ist, auf welche es in erster Linie ankommt, indem bekanntlich selbst jeder für die Pflanzen unentbehrliche Nährstoff wie phosphorsaure Salze, Kali- und Ammoniakverbindungen, in zu grosser Menge den Wurzeln dargeboten, zum directen Absterben der Pflanzen Veranlassung giebt, also gerade so wirkt, wie ein zu grosser Gehalt an sauren Dämpfen in der Luft; und weil zweitens die Erziehung der Pflanzen in Töpfen unter Glasglocken durchaus keine normale ist, und hierdurch allein in der Stoffmetamorphose und für das Wachsthum der Pflanzen erhebliche Störungen bedingt sind.

Ueber den Prozentgehalt an schwefeliger Säure in der Luft, welcher das Pflanzenleben beschädigt, sind mir nur die Mittheilungen zweier englischer Toxicologen, Turnes und Christison, bekannt, welche anführen, dass $2/1000$ Volumprozent schwefeliger Säure in der Atmosphäre hinreichen, um innerhalb zweier Tage das Verwelken der Blätter zu bewirken.

Aus allen diesen Gründen hielt ich es sowohl im Interesse der Landwirthschaft, als auch der Industrie für dringend geboten, durch passend gewählte Versuche die Frage über die Bedingungen, unter welchen schwefelige Säure auf die Vegetation selbst schädlich einwirkt, möglichst genau zu beantworten. Hierbei erschien es mir nöthig, festzustellen, erstens wie trockne schwefelige Säure auf lufttrockne Pflanzen einwirkt, zweitens welche Erscheinungen auftreten, wenn gleichzeitig Wasserdampf zugegen ist oder die Pflanzen benetzt sind, so dass eine Ausfällung der schwefeligen Säure aus der Luft und ein Niederschlag derselben mittelst der Wassertröpfchen auf die Blätter stattfindet; und drittens endlich welche Veränderungen wässerige schweflige Säure auf die damit begossenen Pflanzen erzeugt, wobei wegen der leichten Oxydirbarkeit der schwefeligen Säure gleichzeitig auch mit verschieden concentrirten wässerigen Lösungen von Schwefelsäure zum Vergleich operirt werden musste.

Um zunächst die Einwirkung trockner schwefeliger Säure auf lufttrockne Pflanzen zu studiren, blieb mir nichts übrig, als ebenfalls unter einem Glaskasten zu operiren. Ich stellte mir durch Erhitzen reiner Schwefelsäure mit Kupfer trockene schwefelige Säure dar, und sammelte dieselbe in einem kleinen Glasgasometer über Quecksilber. Aus diesem führte ein Glasrohr mit Hahn in einen tubulirten Glasballon, in welchem ausserdem ein weiteres Glasrohr mündete, welches durch Chlorcalcium getrocknete Luft in den Glasballon treten liess. Aus dem letzteren ging ein weiteres Glasrohr in den Glaskasten, dessen Luft nach unten durch Quecksilber abgesperrt war und in welchen die Pflanzen in Töpfen gestellt wurden, nachdem sie circa 24 Stunden in einem lufttrockenem Raume gestanden hatten. Aus dem Glaskasten führte ein Luftableitungsrohr zu einem Aspirator, vor welchem ein mit titrirter Lösung von Jod in Jodkalium gefüllter Cylinder beliebig eingeschaltet werden konnte, um den Gehalt der aus dem Glaskasten gesogenen Luft an schwefeliger Säure zu bestimmen, da ja ein Aequivalent schwefeliger Säure (64 Gewichtstheile), je zwei Aequivalente Jod (254 Gewichtstheile) in Jodwasserstoffsäure umwandelt und entfärbt. Es bedarf also nur einer genauen Messung des Luftquantums, welches ein bestimmtes Volum — etwa 10 Kubikcentimeter — der normalen Zehnteljodlösung, welche im Kubikcentimeter 12,7 milligramm Jod gelöst enthält, gerade entfärbt, um daraus unter Berücksichtigung des Barometer- und des Thermometerstandes den Prozentgehalt der schwefeligen Säure von dem Gewichte der Luft, und durch Division dieser Zahl durch die Dichtigkeit der schwefeligen Säure bezogen auf Luft (2,247) den Volumprozentgehalt zu finden. Das Volumen der Luft wurde durch das aus dem Aspirator ganz langsam ausfliessende Wasser gemessen, welches so lange in einem graduirten Gefässe aufgefangen ward, bis die Normaljodlösung entfärbt war [1]). Werden 10 Kubikcentimeter normaler Zehnteljodlösung angewendet, so sind in dem gefundenen Volum 32 milligramm schwefelige Säure enthalten. Diese Luft steht unter dem durch den Barometerstand gegebenen Luftdruck vermindert um die Quecksilbersäule, welche der Wassersäule im Aspirator entspricht und ihr Volum wächst proportional dem um 1 vermehrten Producte des Ausdehnungscoefficienten für Luft (0,00366) und der Temperatur in Graden Celsius ausgedrückt.

Ein Kubikcentimeter Luft wiegt bei 0° C und 760 mm. Quecksilberdruck $1/770$ gramm; also bei der Temperatur t° C, dem Barometerstande b mm. und der Wassersäule im Aspirator von h mm. $= \dfrac{b - \dfrac{h}{13,6}}{760 \cdot (1 + 0,00366 \cdot t)} \cdot \dfrac{1}{770}$ gramm.

Sind nun bis zur vollen Entfärbung der 10 Kubikcentimeter Zehntelnormaljodlösung m Kubikcentimeter Wasser aus dem Aspirator geflossen,

---

1) Ich habe es vorgezogen, in allen Fällen, wo ein Zurücktitriren nicht stattfand und insbesondere wenn die Luft nur ganz kleine Mengen schwefeliger Säure enthielt, eine reine Auflösung von Jod in Jodkalium anzuwenden und die Entfärbung zu beobachten, welche plötzlich eintritt, und bei einiger Uebung scharf beobachtet werden kann, so dass die Beobachtung sehr genau ist. Bei Anwendung von Jodstärke statt Jod habe ich stets ungenaue Resultate und zwar zu kleine Mengen schwefeliger Säure gefunden, was ich mir nur dadurch erkläre, dass die Anziehung zwischen Jod und Stärke überwunden werden muss, bevor das Jod in Jodwasserstoff übergeführt wird, dass zu dieser Arbeit Zeit erforderlich ist, während welcher ein aliquoter Theil schwefeliger Säure unoxydirt mit der Luft aus der Flüssigkeit wieder heraustritt.

es berechnet sich demnach der Prozentgehalt der schwefeligen Säure in der Luft:

a) dem Gewichte nach $= \dfrac{0{,}032}{0{,}032 + \dfrac{b - \dfrac{h}{13{,}6}}{760\,(1 + 0{,}00366\,t)} \cdot \dfrac{m}{770}}$, und

b) dem Volum nach $= \dfrac{0{,}032}{2{,}247 \left[0{,}032 + \dfrac{b - \dfrac{h}{13{,}6}}{760\,(1 + 0{,}00366\,t)} \cdot \dfrac{m}{770} \right]}$

Was nun die specielle Ausführung dieser Versuche betrifft, so wurden wiederholt Töpfe mit Klee-, Weizen-, Hafer- und Bohnenpflanzen in den Glaskasten gebracht und sodann mittelst des Aspirators Luft aus dem Glasballon in den Glaskasten gesogen. In den Glasballon strömte, wie schon angeführt, einerseits durch das weite Chlorcalciumrohr trockene Luft, andererseits durch Oeffnen des Glashahns aus dem Gasometer trockne schwefelige Säure, deren Menge durch Reguliren des Hahnes beliebig verändert werden konnte. Nachdem gegen 50 Liter Luft durch den Apparat gesogen waren, wurde das Gefäss mit Jodlösung eingeschaltet und der Gehalt an schwefeliger Säure bestimmt. Anfangs wurde der Hahn so gestellt, dass die Luft kein Zehntel Gewichtsprozent schwefeliger Säure enthielt. Später wurde derselbe gradatim bis ein Viertel Gewichtsprozent gesteigert und diese Luft eine halbe Stunde mit den Pflanzen in Berührung gelassen. In keinem Falle und an keiner Pflanze konnte ich jedoch eine bemerkenswerthe Veränderung wahrnehmen. Eine weitere Steigerung des Gehalts an schwefeliger Säure in der Luft liess der von mir benutzte Apparat nicht zu. Ich habe mich deshalb vorläufig damit begnügt, festgestellt zu haben, **dass ein Prozentgehalt bis ¼ % trockner schwefeliger Säure auf lufttrockne Pflanzen keine bemerkbaren schädlichen Wirkungen ausübt.** Zu demselben Resultate scheint auch Dr. Pappenheim gekommen zu sein, welcher ausdrücklich anführt: »Nothwendig zur Beschädigung der Pflanzen scheint es zu sein, dass die schwefelige Säure sich mit Wasserdampf in Tröpfchen auf dieselben niederschlägt; das nicht zur Ausfällung mit Wasserdampf kommende schwefligsaure Gas scheint unwirksam zu sein.«

Der zweite Theil meiner mir gestellten Aufgabe bestand darin, zu untersuchen, welche Veränderungen wässrige schwefelige Säure, resp. sehr verdünnte Schwefelsäure auf die damit begossenen Pflanzen hervorbringt.

Dass mit schwefeliger Säure gesättigtes Wasser viele pflanzliche Stoffe, insbesondere die Pflanzenfarbstoffe zu verändern vermag und also auch dem

Pflanzenleben schädlich sein muss, ist längst bekannt. Die meisten Blüthenfarben, insbesondere die rothen und violetten blassen ab und werden selbst weiss; die grünen Farben, der Chlorophyllfarbstoff wird schmutzig gelblichbraun, wenn sich die Pflanze unter Wasser befindet, in welches man schweflige Säure einleitet. Die Wirkung des schwefligsauren Wassers steigt mit dem Gehalt an schwefliger Säure, während sehr verdünnte wässerige Lösungen auf dem Chlorophyllfarbstoff der Pflanzen keine wahrnehmbare Veränderung hervorbringen. Es erschien mir deshalb nöthig, durch Versuche festzustellen, bei welcher Concentration schwefligsaures Wasser der Vegetation nachtheilig zu werden beginnt. Um den Verhältnissen, wie sie sich in der Natur darbieten, möglichst zu entsprechen, operirte ich so, dass die Pflanzen normal, wie im freien Felde wuchsen, und dass ich dieselben täglich zweimal, Morgens und Abends, mit schwefligsaurem Wasser von bestimmter Concentration begoss. Da wässerige schweflige Säure sehr leicht sich zu Schwefelsäure oxydirt, so habe ich gleichzeitig eine andere Partie Pflanzen mit Wasser begossen, welches eine äquivalente Menge Schwefelsäure enthielt.

Auf besonderen Beeten des Versuchsgartens der landw. Akademie wurden im April 1868 Sommerweizen, Hafer und Erbsen ausgesät und zwar von jeder Fruchtgattung zwölf Reihen. Nachdem die Samen gleichmässig und gut gekeimt und die Keimpflanzen sich normal entwickelt hatten, wurden vom 5. Mai an die drei äussersten Reihen des einen Endes der drei Fruchtgattungen täglich Morgens und Abends mit 20 Liter Wasser besprüht, welches 4 gramm, also 0,02 Prozent schwefliger Säure enthielt; und die drei letzten Reihen des anderen Endes mit 20 Liter Wasser zu derselben Zeit ebenso begossen, welchem die äquivalente Menge, 5 gramm Schwefelsäure, entsprechend 0,025 Prozent zugesetzt war.

Obgleich während des ganzen Monats Mai und bis zum 15. Juni dieses regelmässige Begiessen am Morgen und am Abend nur an den wenigen Tagen ausgesetzt wurde, wo heftige Gewitterregen die Pflanzen und das Erdreich durchtränkt hatten, so konnte in dieser ganzen Periode auch nicht die geringste Veränderung an den Blättern der üppig fortwachsenden Saaten beobachtet werden.

Vom 16. Juni bis zum Ende dieses Monats wurde der Zusatz der schwefligen Säure, sowie der Schwefelsäure um die Hälfte gesteigert, so dass je 20 Liter Wasser 6 gramm schweflige, resp. 7½ Gramm Schwefelsäure enthielten. Aber auch hierdurch konnte nicht die geringste Beschädigung wahrgenommen werden. Die Pflanzen blühten sämmtlich und setzten Früchte an.

Vom 1. bis 14. Juli wurde der Zusatz auf 8 gramm schwefelige Säure, resp. 10 gramm Schwefelsäure gesteigert, so dass jetzt das Wasser 0,04 Prozent schwefeliger, resp. 0,05 Prozent Schwefelsäure enthielt. Aber auch dieses Quantum erwies sich während dieser ganzen Periode wirkungslos.

Am 15. Juli wurde zum Einernten des reifen Hafers und der reifen Erbsen geschritten; der Weizen wurde erst am 31. Juli abgenommen. Nachdem von jeder Fruchtgattung die drei Reihen mit schwefelsauren, mit schwefeligsaurem Wasser begossene Pflanzen, sowie die drei mittelsten Reihen der nicht begossenen Gewächse vollkommen lufttrocken geworden waren, wurden dieselben zum Vergleiche gewogen und ergaben folgendes Resultat:

Es wurden geerntet:

I. Von den drei Reihen Hafer:

a) nicht begossen,	b) mit schwefeliger Säure,	c) mit Schwefelsäure begossen
917 gramm	968 gramm	1000 gramm
oder 100	: 105,6	: 109,0

II. Von den drei Reihen Erbsen:

a) nicht begossen,	b) mit schwefeliger Säure,	c) mit Schwefelsäure begossen
550 gramm	569 gramm	697 gramm
oder 100	: 103,6	: 126,8

III. Von den drei Reihen Weizen:

a) nicht begossen,	b) mit schwefeliger Säure,	c) mit Schwefelsäure begossen
791 gramm	734 gramm	750 gramm
oder 100	: 92,8	: 94,8

Hierauf wurden die Körner sorgfältig vom Stroh getrennt, die Erbsen aus den Hülsen genommen und jeder Theil für sich gewogen. Dabei wurden erhalten:

I. Von den drei Reihen Hafer:

	a) nicht begossen.	b) mit schwefeliger Säure.	c) mit Schwefelsäure begossen
1) Körner:	326 gramm	345 gramm	372 gramm
	oder 100	: 106	114
2) Stroh:	591 gramm	623 gramm	628 gramm
	oder 100	: 105,4	: 106,3

III. Von den drei Reihen Erbsen:

	a) nicht begossen.	b) mit schwefeliger Säure.	c) mit Schwefelsäure begossen
1) Körner:	225 gramm	233 gramm	329 gramm
	oder 100	: 103,5	146°
2) Hülsen:	75 gramm	77 gramm	102 gramm
	oder 100	: 102,7	136°
3) Stroh:	250 gramm	259 gramm	267 gramm
	oder 100	: 103,6	106,8

III. Von den drei Reihen Weizen:

a) nicht begossen, b) mit schwefeliger Säure. c) mit Schwefelsäure begossen
1) Körner: 185 gramm   168 gramm   177 gramm
   oder 100   :   90,8   :   95,7
2) Stroh: 606 gramm   566 gramm   573 gramm
   oder 100   :   93,4   :   94,5

Diese Resultate ergeben unzweifelhaft, dass ein Gehalt von 0,04 Prozent schwefeliger, resp. von 0,05 Prozent Schwefelsäure im Wasser der Vegetation nichts schadet, wenn auch während der ganzen Wachsthumsperiode die Pflanzen täglich zweimal mit solchem Wasser begossen werden.

Um zu sehen welche Wirkung concentrirtere Lösungen von schwefeliger Säure und Schwefelsäure ausüben, benutzte ich andere Pflanzen von Sommerweizen, Hafer und Erbsen, welche ich erst in der Mitte des Juni ausgesäet hatte. Hier begann ich die jungen Pflanzen mit Wasser zu begiessen, welches 0,04 Prozent schwefelige resp. 0,05 Prozent Schwefelsäure enthielt und steigerte den Gehalt von Woche zu Woche um 0,01 Prozent' so dass ich im Monat August die noch grüne Saat mit 0,08 Procent schwefeliger, resp 0,1 Prozent Schwefelsäure täglich Morgens und Abends begiessen liess. Auch hierbei habe ich bis zum 12. August an keiner Pflanze die geringste Veränderung wahrgenommen. Am 12. August Abends, kurz nach dem Begiessen erhob sich nach einer drückenden Gewitterschwüle plötzlich ein sehr starker, heisser Wind, dem die fraglichen Pflanzen stark ausgesetzt waren. Am anderen Morgen erschienen fast alle Blätter sämmtlicher Versuchspflanzen wie vom Rost befallen, theils gebändert, theils gelb und braun tätowirt, gekrümmt und theilweise schraubenzieherförmig zusammengerollt. Diese Erscheinung zeigte sich weit stärker bei den mit schwefelsäurehaltigem Wasser begossenen Pflanzen, wie bei den mit schwefeligsaurem Wasser besprühten. Ich erkläre diese aussergewöhnliche Erscheinung dadurch, dass durch den heissen trockenen Wind das Wasser sehr rasch zur Verdunstung gelangte und so die Säure auf den Blättern so concentrirt wurde, dass jetzt eine Corrosion und Substanzveränderung der Chlorophyllkernmasse der Blätter die nothwendige Folge war.

Noch concentrirtere Lösungen von Schwefelsäure resp. schwefeliger Säure anzuwenden, erschien mir nicht erforderlich, weil das Regenwasser, in der Nähe solcher Etablissements, aus welchen grosse Mengen schwefeliger Säure entweichen, aufgefangen nirgends freie Säure bis 0,1 Prozent enthält.

Aus den bisher festgestellten Thatsachen glaube ich mich zu dem Schlusse berechtigt, dass die in den Hüttendämpfen resp. Verbrennungsöfen enthaltene schwefelige Säure

weder bei heiterem trockenem Wetter, noch bei Regenwetter auf die Vegetation selbst der zunächst gelegenen Grundstücke schädlich einwirken kann.

Es blieb mir noch übrig zu untersuchen, welche Erscheinungen eintreten, wenn schwefelige Säure in feuchte Luft tritt, oder wenn schwefelige Säure Pflanzen trifft, welche schwach benetzt, z. B. bethaut sind, so dass eine Ausfällung der schwefeligen Säure aus der Luft und ein Niederschlag derselben mittelst der Wassertröpfchen auf die Blätter stattfindet.

Um die Erscheinungen zu studiren, welche an den Pflanzen durch die schwefelige Säure bei Gegenwart von wenig Wasser sich wahrnehmbar machen, operirte ich so, dass die Pflanzen möglichst normal wie im freien Felde wuchsen, und dass als neuer Factor die schwefelige Säure in wechselnden Mengen hinzutrat. Ich liess anstossend an den botanisch-ökonomischen neuen Garten der Akademie einen Streifen Land, 12,75 Meter lang und 3,2 Meter breit, welches aus aufgeschüttetem wenig fruchtbaren Boden bestand, umgraben und in zwei Hälften theilen. Die eine Hälfte wurde stark, die andere nur ganz nothdürftig mit Compost gedüngt. Aus demselben wurden sechs Beete 2 Meter lang mit 0,15 Meter Zwischenraum und 3,2 Meter breit gemacht, so dass in jedes auf der einen Hälfte stark und auf der andern schwach gedüngt war. Auf denselben wurden 1) Sommerweizen, 2) Hafer, 3) Erbsen und dann wieder 4) Sommerweizen, 5) Hafer und 6) Erbsen und zwar die Erbsen in sechs, Weizen und Hafer in sieben Reihen gesäet. In die Mitte der drei ersten Beete wurde ein 20 Millimeter weites Bleirohr gelegt, von dem sich zwischen je zwei Reihen Saat ein 10 Millimeter enges Bleirohr auf beiden Seiten bis ans Ende der Beete abzweigt, in welchem alle 5 Centimeter Löcher von einem Millimeter Durchmesser eingestossen waren. Das weite Bleirohr war an dem einen Ende geschlossen und an dem andern offen mit einer grossen 15 Liter fassenden Woulf'schen Flasche verbunden, in welcher sich eine verdünnte wässerige Lösung von schwefeliger Säure befand, und durch welche mittelst eines grossen 200 Liter fassenden eigens hierzu construirten Gasometers ununterbrochen ein constanter Luftstrom hindurchgeleitet wurde, welcher je nach der Concentration des schwefeligsauren Wassers beim Durchstreichen durch dasselbe mehr oder weniger schwefelige Säure und Wasserdampf mit fortriss. Diese mit schwefeligsaurem Gase und Wasserdampf geschwängerte Luft konnte nur durch die Oeffnungen der engen Bleiröhren entweichen, mischte sich hier mit der zwischen den Pflanzen befindlichen Luft, verbreitete sich vermöge der Diffusion hier und musste seine specifische Wirkung auf die Blätter der drei ersten mit Weizen, Hafer und Erbsen besäeten Felder ausüben; während die drei folgenden Beete zur Controlle dienten, indem auf die hier stehenden Pflanzen die schwefelige Säure nicht einwirken konnte.

Zur Bestimmung des Gewichtsprozentgehalts der Luft an schwefeliger Säure wurde hier wie vorher beschrieben, die Bunsensche Methode des Titrirens mit Jodlösung in wässeriger Lösung von Jodkalium angewendet und nur wegen des meist sehr geringen Gehalts an schwefeliger Säure mit Normal Hunderstel- und Tausendstel-Lösung gearbeitet und dann in der Berechnungsformel für 0,032 m. gesetzt 0,0032 m. resp. 0,00032 m. Ich verfuhr nun so, dass der 200 Liter fassende mit Luft gefüllte Gasometer durch Bleirohr und Krahn mit einem 10 Meter höher gelegenen Wasserreservoir in Verbindung gesetzt und die Luft des Gasometers in einem constanten Strome bis auf den Boden der Woulf'schen Flasche und so durch das schwefeligsaure Wasser geleitet wurde.

Beim Beginn der Operation wurde diese mit schwefeliger Säure geschwängerte Luft zuerst mittelst des Aspirators durch Wasser geleitet, welches einen Cubikcentimeter Zehntelnormallösung von Jod mit Wasser verdünnt enthielt, was 3,2 Milligrammen schwefeliger Säure entsprach; sodann das Volum des ausgeflossenen Wassers, die Temperatur, der Barometerstand und die Wassersäule im Aspirator gemessen.

Der Gehalt an schwefeliger Säure in der Luft konnte beliebig verstärkt oder vermindert werden, je nachdem man in die Woulf'sche Flasche mehr oder minder gesättigtes schwefeligsaures Wasser eingab.

Dann wurde dreimal der Inhalt des grossen Gasometers an Luft, also 600 Liter durch die Woulf'sche Flasche und durch die Bleiröhren zwischen die Saaten geleitet. Darauf wurde die durch die Woulf'sche Flasche gesogene Luft mittelst der Jodlösung und des Aspirators nochmals auf ihren Gehalt an schwefeliger Säure bestimmt und das Mittel aus dem Anfangs- und dem End-Prozentgehalt als der mittlerere Prozentgehalt angesehen.

Endlich wurde während des Durchleitens der Luft durch die Bleiröhren mittelst des Aspirators Luft aus der Mitte der Beete aufgesogen, durch den Wassercylinder, welcher ein Cubikcentimeter Hunderstelnormaljodlösung enthielt, bis zur völligen Entfärbung des Jods geleitet und so der Gehalt an schwefeliger Säure in der die Pflanzen umgebenden Luft wiederholt direct bestimmt.

Am 10. April fand die gleichzeitige Aussaat auf allen 6 Beeten statt. Die Samen keimten sämmtlich normal und entwickelten sich die jungen Keimpflanzen gleichmässig, so dass am 18. Mai mit der Durchleitung einer Luft, welche schwefelige Säure enthielt, begonnen werden konnte.

Von da ab wurde an den meisten Wochentagen Vormittags und Nachmittags je 600 Liter Luft durch den Aspirator zwischen die Saaten gepresst und die Bestimmung des Prozentgehaltes der Luft an schwefeliger Säure in der oben beschriebenen Weise ausgeführt, was jedesmal einen Zeitaufwand von nahezu 3 Stunden Vormittags sowohl wie Nachmittags erforderte.

Das schwefeligsaure Wasser wurde so dargestellt, dass in destillirtes Wasser so lange schwefelige Säure eingeleitet wurde, bis 3,2 Cubikcentimeter desselben 10 Cubikcentimeter Zehntelnormaljodlösung entfärbten, so dass also im Liter sich genau 10 Gramm, d. h. 1 Prozent schwefeliger Säure befand. Ein bestimmtes Volum dieses schwefeligsauren Wassers wurde dann mit einer bestimmten Anzahl Liter destillirten Wassers vermischt und in die Woulf'sche Flasche gebracht.

In der Woche vom 18. bis 24. Mai wurde zunächst ein Gemisch aus einem Volum des schwefeligsauren Wassers mit 10 Volumen reinen Wassers in die Woulf'sche Flasche gebracht und nachdem 600 Liter Luft durchgeleitet waren, erneuert. Uebereinstimmend enthielt beim Beginn der Operation die aus der Woulf'schen Flasche austretende Luft zwischen 1,30 und 1,36, also im Mittel 1,33 Gewichtsprozent schwefelige Säure, und nachdem die 600 Liter Luft durchgegangen waren, nur noch zwischen 0,77 und 0,81, also im Mittel 0,79 Gewichtsprozent, so dass im Mittel während der Operation pro Stunde 200 Liter mit 0,9 Liter schwefelige Säure unter normalem Drucke vom Boden aus sich der zwischen den Saaten befindlichen Luft beigesellt hat.

Von der über den Beeten zwischen den Saaten aufgesogenen Luft waren in der ersten Stunde 16300 Cubikcentimeter und beim dritten Durchleiten 17100 Cubikcentimeter nöthig, um 1 Cubikcentimeter Hunderstelnormaljodlösung zu entfärben, so dass die über den Beeten aufgesogene Luft im Mittel 0,00148 Gewichtsprozente schwefelige Säure enthielt. Da die schwefelige Säure ein hohes spezifisches Gewicht (2,247) und ein geringes Diffusionsvermögen besitzt und dieselbe vom Boden aus der atmosphärischen Luft zwischen den Pflanzen zugeführt war, so musste der Prozentgehalt der Luft an schwefeliger Säure nahe dem Boden jedenfalls noch etwas grösser gewesen sein.

Während der ganzen Woche konnte trotz der sorgsamsten Ueberwachung und Besichtigung an keiner einzigen Pflanze irgend welche Beschädigung wahrgenommen werden. Ausdrücklich sei hier noch bemerkt, dass die Versuchspflanzen jeden Morgen früh vor Beginn der Durchleitung mit Wasser aus Giesskannen stark begossen wurden und die Blätter während der Operation feucht waren.

Da ich es mir zur Aufgabe gestellt hatte, die Grenzen festzustellen, bei welchen die schwefelige Säure unter ganz normalen Verhältnissen die feuchten Blätter der verschiedenen Pflanzen beschädigt, so wandte ich am 25. Mai ein schwefeligsaures Wasser an, welches durch Vermischen gleicher Volume des normalen schwefeligsauren Wassers und destillirten Wassers erhalten wird, und das also 0,5 Gewichtsprozent schwefelige Säure enthielt.

Die aus der Woulf'schen Flasche entströmende Luft hatte beim Beginn der Operation 6,65 Gewichtsprozent und am Schluss 4,21 Gewichtsprozent schwefelige Säure, so dass im Mittel während der drei Stunden am Vormittage des 25. Mai pro Stunde 200 Liter Luft mit 4,84 Liter schwefelige Säure unter normalem Druck aus den Oeffnungen der Bleiröhren ausströmten.

Der Geruch nach schwefeliger Säure trat so stark auf, dass man dieselbe einige Schritte von dem Stücke entfernt deutlich riechen konnte und alle Würmer, Käfer und Insekten schleunigst die Beete zu verlassen suchten. 3120 Cubikcentimeter der Luft, welche mittelst des Aspirators zwischen der 8 bis 9 Zoll hohen Saat während des Durchleitens aufgesogen wurden, entfärbten im Mittel einen Cubikcentimeter Hundertstelnormaljodlösung, so dass diese Luft 0,008 Gewichtsprozent schwefelige Säure enthielt. Um 1 Uhr war das Durchleiten beendet. Um 3 Uhr Nachmittags erschienen bei der genauen Besichtigung die meisten, namentlich die untersten feuchten Blätter aller Pflanzen, welche sich in der Nähe der Oeffnungen der Bleiröhren befunden hatten und in noch höherem Grade die darunter befindlichen sehr blattreichen Unkräuter deutlich beschädigt. Die Blätter waren wie vom Rost befallen, theils gebändert, theils gelb und braun tätowirt, gekrümmt und theilweise schraubenzieherförmig zusammengerollt. Am folgenden Morgen war die Beschädigung noch sichtbarer, indem die befallenen Blätter mehr und mehr zusammenschrumpften und abwelkten. Die Erscheinung zeigte sich am stärksten bei den Erbsen und relativ am schwächsten bei dem Hafer.

Dieser Versuch bewies, dass die jungen feuchten Blätter der gewöhnlichsten landwirthschaftlichen Culturgewächse in einer Luft mit 0,008 Gewichtsprozent schwefeliger Säure nach wenigen Stunden — im vorliegenden Falle während dreier Stunden — in der Art verletzt werden, dass die Chlorophyllsubstanz tiefgreifende Veränderungen erfährt, was sich sofort dem Auge sichtbar macht.

Um die Versuchspflanzen nicht vollständig zu vernichten, dagegen festzustellen, ob so stark beschädigte Pflanzen sich wieder in einer Atmosphäre mit geringeren Mengen schwefeliger Säure erholen, wurden vom 27. Mai bis zum 4. Juni incl. täglich Vor- und Nachmittags je 600 Liter Luft durch die Röhren gepresst, welche wieder Anfangs 1,33 und zuletzt 0,79 Gewichtsprozent schwefelige Säure enthielt. Die mittels des Aspirators zwischen der Saat während des Durchleitens wiederholt aufgesogene Luft enthielt im Mittel 0,0015 Gewichtsprozente schwefelige Säure.

Während dieser ganzen Zeit konnte nicht die geringste weitere Einwirkung auf die Pflanzen beobachtet werden, obgleich dieselben täglich des Morgens früh vor dem Durchleiten stark begossen wurden. Vielmehr erholten sich die Pflanzen um diese Zeit von ihren Beschädigungen. Die unteren am stärksten corrodirten Blätter vertrockneten, dagegen trieben die oberen Theile der Pflanzen neue Blätter, wuchsen kräftig und hatten sich am 4. Juni so weit erholt, dass äusserlich keine Beschädigung weiter beobachtet wurde. Hierbei sei jedoch ausdrücklich hervorgehoben, dass diejenige Hälfte der Saat, welche auf dem nur nothdürftig gedüngten Acker stand, sich weit langsamer erholte, und, wie dies auch a priori erwartet werden musste, in Bezug auf die Neubildung von Blättern und auf eine kräftige Stoffassimilation von den auf dem stark gedüngten Boden gewachsenen Pflanzen bedeutend übertroffen wurde.

Um die Grenze der schädlichen Einwirkungen zu ermitteln, wurde der Prozentgehalt der schwefeligen Säure vom 5. Juni ab allmälig gesteigert.

Vom 5. bis 8. Juni wurden jedesmal Vor- und Nachmittags 600 Liter Luft hindurchgeleitet, welche Anfangs 2,24 und zuletzt 1,22 Gewichtsprozent schwefelige Säure enthielt. Die über den Beeten aufgesogene Luft hatte im Mittel während dieser Tage 0,00167 Gewichtsprozent schwefelige Säure. Da bis dahin nicht die geringste Beschädigung wahrgenommen werden konnte, die Pflanzen sich vielmehr normal und üppig entwickelten, so wurde vom 9. bis 11. der Gehalt an schwefeliger Säure so weit gesteigert, dass die Anfangs durchgeleitete Luft 3, und die zuletzt durchgegangene 1,45 Gewichtsprozent schwefelige Säure enthielt. Die von den Beeten aufgesogene Luft hatte im Mittel einen Gehalt von 0,00183 Gewichtsprozent dieser Säure.

Da auch hierdurch in keiner Weise eine Beschädigung der Pflanzen sich zeigte, so wurde am 15. Juni der Zusatz an wässeriger schwefeliger Säure derart verstärkt, dass die Luft, welche durch die Bleiröhren gepresst wurde, Anfangs 3,25 und zuletzt 1,62 Prozent schwefelige Säure enthielt. Die während dieser Zeit von den Beeten aufgesogene Luft hatte im Mittel 0,0021 Gewichtsprozent schwefelige Säure. Da auch an diesem Tage keine Einwirkung wahrzunehmen war, die Pflanzen im Gegentheil äusserst üppig wuchsen, der Weizen in die Aehren schoss und die Erbsen zu blühen anfingen, wurde am 16. Juni der Zusatz von schwefeliger Säure so verstärkt, dass Anfangs die Luft 3,75 und zuletzt 1,76 Prozent davon hatte und die von den Beeten aufgesogene Luft im Mittel 0,0028 Gewichtsprozent schwefelige Säure zeigte. Auch jetzt konnte nicht die geringste Veränderung der Chlorophyllmasse der Blätter beobachtet werden, weshalb am 17. Juni der Zusatz an schwefeliger Säure so gesteigert wurde, dass Anfangs 4 und zuletzt 1,95 Gewichtsprozent schwefelige Säure in der durch die Woulf'sche Flasche gegangenen Luft bestimmt wurden und die von den Beeten aufgesogene Luft im Mittel 0,00316 Gewichtsprozente schwefeliger Säure hatte.

Weder an diesem Tage noch an dem folgenden machte sich irgend eine Beschädigung der Pflanzen sichtbar. Vielmehr standen die der schwefeligen Säure ausgesetzten Pflanzen jetzt viel üppiger und zeigten ein saftigeres Grün als die Controllpflanzen daneben, zwischen welche keine Luft mit schwefeliger Säure getrieben wurde, was ich dem Umstande zuschreibe, dass es vom 5. Juni an ununterbrochen trocken und sehr heiss war und dass die dem Einflusse der schwefeligen Säure ausgesetzten Pflanzen täglich vor der Einwirkung stark begossen wurden.

Am 19. Juni Morgens standen die Pflanzen normal, gesund und zeichneten sich durch eine gewisse Ueppigkeit vor den anderen aus. Von 9 bis 12 Uhr wurden 600 Liter Luft hindurchgeleitet, welche anfangs 4,56 und zuletzt 2,2 Gewichtsprozente schwefeliger Säure mit sich führten. Die von den Beeten aufgesogene Luft enthielt im Mittel 0,0041 Gewichtsprozente schwefelige Säure.

Schon Nachmittags 2 Uhr war die schädliche Einwirkung der schwefeligen Säure auf die unteren Blätter aller drei Fruchtgattungen deutlich sichtbar; am stärksten trat sie dieses Mal bei den saftigen und grünen Blättern des Hafers auf, während sie bei dem in der Entwickelung am weitesten vorgeschrittenen Weizen am wenigsten sichtbar wurde. Ich habe überhaupt bei diesen Versuchen die volle Ueberzeugung erhalten, dass je saftiger und jünger die Blätter, je zarter noch die äusseren Zellenwandungen und je weniger schützendes Wachs auf den Blättern vorhanden, desto verheerender wirkt die schwefelige Säure bei hinreichender Concentration. Auch diesesmal hingen die Blätter, welche angegriffen waren, schlaff, waren theils hell und grün gebändert, theils gefleckt und zeigten deutlich den Beginn des pfropfenzieherartigen Aufrollens. Um die Einwirkung noch sichtbarer zu machen, wurden dieselben Pflanzen am Nachmittag wieder mit 600 Liter Luft derselben Zusammensetzung in Berührung gebracht. Am Morgen des 20. Juni machten alle von den Einwirkungen der schwefeligen Säure betroffenen Pflanzen den Eindruck, als ob sie durch anhaltende Dürre oder durch starken Rost heftig gelitten hätten. Diese Erscheinung konnte schon aus einiger Entfernung deutlich wahrgenommen werden. Sämmtliche

Veränderungen waren übereinstimmend denen, welche am 26. Mai beobachtet waren.

Hieraus folgt mit absoluter Gewissheit, 1) dass eine Luft, welche mehr als 0,004 Gewichtes oder mehr als 0,0018 Volumen Prozente schwefelige Säure enthält, die Chlorophyllmassen der feuchten grünen Blätter von Weizen, Hafer und Erbsen derart zerstört, dass man schon nach wenigen Stunden dieselben deutlich wahrnehmen kann;

2) dass die Luft bei einem Gehalt von 0,003 Gewichts- oder 0,00135 Volumen-Prozenten schwefeliger Säure den grünen Blättern und somit auch den ganzen Pflanzen von Weizen, Hafer und Erbsen selbst bei ununterbrochener Einwirkung unter den günstigsten Verhältnissen von Wärme und Feuchtigkeit nicht den geringsten Schaden zufügt; und

3) dass die schädliche Einwirkung der schwefeligen Säure nicht auf alle Blätter gleich stark auftritt; dass insbesondere die saftigen jungen Blätter mit noch sehr zarten Zellenwandungen und ganz geringem, wachsartigen Tegument am kräftigsten davon ergriffen werden, und dass alles andere gleich angenommen, die blattreichsten Gewächse am meisten leiden.

Um die Richtigkeit des zweiten, äusserst wichtigen Satzes unzweifelhaft zu bewahrheiten, wurde vom 22. Juni ab mit wenigen Unterbrechungen täglich Vor- und Nachmittags Luft mit einem Gehalt von Anfangs 3,9 und zuletzt gegen 1,9 Gewichtsprozent schwefeliger Säure zwischen die Pflanzen geleitet, so dass die von den Beeten aufgesogene Luft stets ungefähr 0,003 Gewichts- oder 0,00135 Volumen-Prozente schwefelige Säure enthielt. Obgleich diese Operation bis zum 30. Juli fortgesetzt worden ist, konnten keine neuen Beschädigungen an den Blättern wahrgenommen werden. Die am 19. Juni beschädigten Blätter schrumpften ein, wurden welk und hörten auf zu functioniren. Dagegen trieben die Pflanzen theilweise nochmals neue Blätter und hatten schon vorher so kräftig assimilirt, dass die Fruchtbildung ganz normal vor sich ging. Am 30. Juli war die Entwickelung so weit gediehen, dass die Blätter und Stammtheile gelb wurden und der Samen reif zu werden begann. Da es von jetzt an keinen Zweck mehr hatte, so wurde die Durchleitung der schwefeligen Säure vom 31. Juli an unterlassen und am 10. August die Ernte derart gewonnen, dass alle Früchte etwa 1 Zoll vom Boden abgeschnitten wurden, jede Fruchtgattung, die auf dem stark gedüngten und schwach gedüngten Theile gewachsen war, für sich aufbewahrt und nachdem sie vollkommen lufttrocken geworden, gewogen wurde. Das Ergebniss war, dass im Ganzen geerntet wurden:

A) von den sieben Reihen Weizen:

	auf der stark gedüngten Hälfte.	auf der schwach gedüngten.
a) wodurch schwefelige Säure geleitet	2610 gramm	1979 gramm.
b) auf dem gleich grossen Controllstück, wo keine schwefelige Säure gewirkt	1995 „	1685 „

B) von den sieben Reihen Hafer:

	stark gedüngt.	schwach gedüngt.
a) wodurch schwefelige Säure geleitet	3606 gramm	3028 gramm
b) wodurch keine schwefelige Säure geleitet	2482 „	1868 „

C) von den sechs Reihen Erbsen:

	stark gedüngt.	schwach gedüngt.
a) wodurch schwefelige Säure geleitet	510 gramm	405 gramm
b) wodurch keine schwefelige Säure geleitet	450 „	362 „

Hierauf wurden die Körner sehr sorgfältig vom Stroh getrennt und bei den Erbsen ausserdem die Hülsen und jeder Theil für sich gewogen. Es ergab diese Bestimmung, wo wieder unter a) allgemein die mit schwefelige Säure behandelte Saat und mit b) die auf dem Controllstück gewachsene Frucht bezeichnet ist, wohin schwefelige Säure nicht gekommen ist, nachfolgende Gewichtsmengen:

A) Weizen:

		stark gedüngt.	schwach gedüngt.
1. Körner.	a)	688 gramm	465 gramm
	b)	478 „	390 „
2. Stroh.	a)	1972 „	1519 „
	b)	1457 „	1305 „

B) Hafer:

1. Körner.	a)	824,5 gramm	610 gramm
	b)	585,0 „	460 „
2. Stroh.	a)	2981,5 „	2418 „
	b)	2432,0 „	1866 „

C) Erbsen:

1. Körner.	a)	152 gramm	135 gramm
	b)	140 „	127 „
2. Hülsen.	a)	92 „	61 „
	b)	78 „	55 „
3. Stroh.	a)	266 „	209 „
	b)	233 „	190 „

Man kann aus dieser Erntetabelle ersehen, dass überall da, wo die schwefelige Säure gewirkt und wiederholt einen Theil der Blätter zerstört hatte, trotzdem eine weit grössere Menge gewonnen wurde, und dass die Differenz auf dem stark gedüngten Theile grösser als auf dem schwach gedüngten war. Am stärksten trat diese Erscheinung bei dem Weizen und Hafer, namentlich bei den Körnern hervor, während die Erbsenernte überhaupt eine weit schwächere war, was dem hierfür wenig geeigneten Boden zugeschrieben werden muss.

Wenn nun auch dieser Mehrertrag nicht der Einwirkung der schwefeligen Säure, sondern dem regelmässigen Begiessen während dieses heissen und trockenen Sommers vor dem Durchleiten der Luft zugeschrieben werden dürfte, so wird hierdurch doch der Beweis geliefert sein, dass die schwefelige Säure auf die Blüthe und Fruchtbildung direct gar keine schädliche Einwirkung ausübt, sondern nur die Blätter beschädigt und so natürlich auch indirect zum Verkümmern der Pflanzen beitragen kann; dass dagegen vorübergehende Beschädigungen der Blätter der Pflanzen durch schwefelige Säure ohne jeden Nachtheil für die letzteren überwunden werden und zwar um so leichter, in je besserem Culturzustande der Acker sich befindet.

Da überhaupt diese Versuche so ausgeführt sind, dass die Pflanzen ganz normal wie auf dem Felde sich entwickeln konnten und ich nur den einen Factor, die schwefelige Säure, in wechselnder Menge hinzutreten liess, so ist der Schluss durchaus gerechtfertigt, dass auch die Saat auf dem Felde durch einen Gehalt der atmosphärischen Luft an schwefeliger Säure unter 0,003 Gewichts- oder 0,00135 Volumen-Prozenten unter keinen Umständen beschädigt wird. Ebenso folgt aber auch, dass bei einem Gehalt der Luft an schwefeliger Säure von mehr als 0,004 Gewichts- oder 0,0018 Volum-Prozenten die benetzten grünen Blätter der Saaten in der Art beschädigt worden, dass ihre Chlorophyllmasse eingreifende Veränderungen erfährt, so dass ihre Fähigkeit zu assimiliren dadurch beeinträchtigt wird. Die Blätter erscheinen dann wie von Rost befallen, rollen sich pfropfenzieherartig zusammen, werden welk und fallen ab. Diese schädliche Einwirkung findet nicht bei allen Blättern und also auch bei allen Pflanzen gleich stark statt, sondern zeigt sich vorzugsweise nur an den saftigen jungen Blättern mit zarten Zellenwandungen und geringem wachsartigen Tegument. Sinkt der Gehalt an schwefeliger Säure auf 0,003 Gewichtsprozent oder fehlt es an der die Wirkung vermittelnden Feuchtigkeit auf den Blättern, so findet keine weitere Zerstörung statt; die Stammtheile treiben neue Blätter und findet nur eine entsprechende Verzögerung in der normalen Entwickelung der Pflanze bis zur Fruchtbildung statt. Schwache, schlecht ernährte Pflanzen können hierbei zu Grunde gehen; denn obgleich die üppig gewachsenen Saaten auf einem gut gedüngten und gut bestellten Felde genau in derselben Weise, ja sogar noch stärker von den Wirkungen der schwefeligen Säure in der Luft mit über 0,004 Gewichtsprozent davon getroffen werden, als wie dürftige, schlecht genährte Saaten auf einem ungünstigen und nicht ausreichend gedüngten Felde, so sind bei den ersteren die Bedingungen zum raschen Austreiben neuer Blätter viel vollkommener erfüllt als bei den letzteren, weshalb diese in der That von den secundären Folgen viel mehr zu leiden haben.

Auf den Verlauf der Blüthe- und Fruchtbildung an und für sich übt ein Gehalt von 0,003 Gewichtsprozent schwefeliger Säure ebenfalls gar keine Wirkung aus; und kann hier überhaupt, wie es scheint, nur von einer indirecten schädlichen Wirkung die Rede sein, indem durch Zerstörung der Blätter die Bildung der organischen Stoffe verhindert wird, welche zur Fruchtbildung von der Pflanze verwendet werden.

Die Grenze, bei welcher die feuchten Blätter der einzelnen landwirthschaftlichen Culturgewächse von der schwefeligen Säure beschädigt werden, liegt daher über 0,003 und unter 0,004 Gewichtsprozent, welche der Luft beigemengt sind. Ich behalte mir vor, diese Grenze für die wichtigsten derselben noch genauer zu bestimmen und bemerke nur noch, dass die Angabe der beiden englischen Taxicologen Turnes und Christison diesen Resultaten nicht widersprechen, da 0,002 Volumprozente genau 0,0045 Gewichtsprozente sind.

Die Einwirkung der schwefeligen Säure auf Bäume, Sträucher, überhaupt auf perennirende Gewächse, habe ich bisher noch nicht zum Gegenstand des genauen Studiums gewählt und beschränke ich mich desshalb in Bezug hierauf nur auf die zuverlässigen Beobachtungen, welche ich selbst gemacht habe. Nach diesen ist die Beschädigung der Blätter bei den verschiedenen Baum- und Straucharten durch denselben Gehalt an schwefeliger Säure in der Luft eine ungleiche, aber stets eine stärkere und mehr in die Augen fallende als bei den Gemüsen und den landwirthschaftlichen Culturgewächsen. Mitbedingt dürfte dies dadurch werden, dass die Bäume bis in höhere Luftschichten ragen, welche möglicherweise noch einen Prozentgehalt an schwefeliger Säure haben, welcher beschädigt, und dass Bäume und Sträucher in viel höherem Masse Wasserdampf verdichten und so grössere Mengen schwefeliger Säure absorbiren. Hierfür spricht der Umstand, dass die Verletzung der Blätter an der Krone der Bäume am stärksten und am frühesten eintritt; und dass in Obst- und Gemüsegärten die sämmtlichen Gemüse einschliesslich der Erbsen und Bohnen, sowie das Gras ganz intact gefunden ist, während die schwefelige Säure in der Luft unzweifelhaft Beschädigung an den Blättern der Bäume bewirkt hatte.

Von den mannigfachen Beobachtungen, welche mir in dieser Beziehung bekannt geworden sind, beschränke ich mich hier auf die Mittheilung zweier Fälle, die ich selbst speciell studirt habe. Erstens habe ich während des Sommers 1862 Gelegenheit gehabt, die Wirkungen der schwefeligen Säure auf die Bäume und überhaupt auf die Vegetation eines Gartens zu machen, welcher im Bayenthal bei Cöln nördlich unmittelbar an die dort gelegene Cölnische Maschinenbau-Fabrik grenzte. Die Mehrzahl der 30 bis 80 Fuss hohen Schornsteine befanden sich in geringer Entfernung vom Garten; einzelne nur 150 Fuss = circa 50 meter. In der Fabrik wurden damals sehr schwefelkiesreiche Steinkohlen verbrannt; und eine lang andauernde Windrichtung trieb bei feuchter Luft die Schornsteindämpfe in den Garten, wo sie sich ablagerten. In dem Garten konnte man den Geruch nach schwefeliger Säure deutlich wahrnehmen und wurden die Schleimhäute der Nase und die Respirationsorgane sowie die Augen des Gärtners von der schwefeligen Säure charakteristisch afficirt, wenn derselbe längere Zeit in diesen Dampfwolken arbeitete. Leider wurde damals der Gehalt der Luft an schwefeliger Säure nicht ermittelt.

Die Wirkung dieser Luft auf die Vegetation des Gartens war nun folgende:

Unter den Bäumen litten am meisten die Süsskirschen, das ganze Pflaumengeschlecht, die Nussbäume und die Akazien, während die Aepfel- und Birnbäume weniger empfänglich und die Maulbeerbäume in allen Varietäten fast ganz unempfindlich gegen diese Dämpfe sich zeigten. Unter den strauchartigen Gewächsen trat die Verheerung am stärksten bei den Weissdornhecken, den Rosen-, Hagebutten- und Johannisbeer-Sträuchern sowie dem Weinstock auf, während die Stachel- und Himbeersträucher weniger litten und die Maulbeerhecken, die Haselnussstaude, Quitten und Flieder gar nicht beschädigt wurden.

Zweitens habe ich im Frühjahr und Sommer 1866 in Folge gerichtlichen Auftrags in dem Garten des Wirthes Hasken zu Essen die Wirkung der schwefeligen Säure auf die Vegetation zu beobachten Gelegenheit gehabt.

Der fragliche Garten erstreckte sich als schmaler Streifen von Osten nach Westen, wurde im Süden von der Gasanstalt und der Menageanstalt des Geheimen Commerzien-Rath Krupp und im Osten von einem Wohnhause unmittelbar begrenzt, während er nach Norden durch die von Essen nach Mülheim führende Chaussee von der Kruppschen Gussstahlfabrik getrennt war. Gerade an dieser Stelle befand sich eine grosse Zahl von niedrigen Schornsteinen, denen die Feuerungsgase mit so viel schwefeliger Säure entströmten, dass man dieselbe bei feuchter windiger Luft in diesem Garten deutlich riechen konnte; da der von verhältnissmässig hohen Gebäuden rings umschlossene Raum bei feuchtem West- und Südwest-Winde sämmtliche Dämpfe ununterbrochen erhielt, welche sich hier unbedingt fangen und senken mussten.

Die in Gemeinschaft mit dem Geheimen Ober-Bergrath Professor Dr. Bischof aus Bonn angestellten Beobachtungen ergaben eine fast genaue Uebereinstimmung mit meinen im Bayenthal bei Cöln früher gemachten Wahrnehmungen. Die in dem Baumhofe und den eigentlichen Hofräumen befindlichen Nuss-, Kirschen- und Pflaumenbäume waren theils ganz abgestorben, theils derart erkrankt, dass sie sämmtlich mehr oder minder verkümmertes Laub hatten, indem die Blätter von blasser Farbe mit rostbraunen Flecken theils zusammengeschrumpft, theils gekräuselt, theils pfropfenzieherartig gewunden erschienen. Die Haupterkrankung ging überall von der den Dämpfen am meisten ausgesetzten Stelle und zwar von der Spitze der Bäume aus. Die daselbst stehenden Apfelbäume hatten ebenfalls etwas gelitten, während die Birnbäume vollkommen gesundes Laub hatten. Ebenso war das Gras des Rasens im Baumhofe normal und frisch. In dem eigentlichen Garten gewährte das zahlreich vorhandene Ziergesträuch einen traurigen Anblick, indem das meiste Laub zusammengeschrumpft, bräunlich gelb, ähnlich dem Zustande im Spätherbste oder bei lange andauernder Dürre in starker Sommerhitze erschien. Besonders waren die Blätter der Rosensträucher an der Spitze und an den Rändern derart verändert, dass sie eine bräunliche Farbe angenommen und sich zusammengerollt hatten, als ob sie gedörrt worden wären. Aehnliche Erscheinungen, jedoch in geringerem Grade zeigten die Blätter der Weinstöcke. Sodann waren fast alle Weiss- und Rothdornen sowie die Kugelakazien ganz abgestorben. Dagegen wurde an den Liguster- und Holunder-Stöcken, welche zum Theil in voller Blüthe standen, nichts Abnormes wahrgenommen. Ebenso konnte an sämmtlichen unmittelbar an der Erde stehenden Gartengewächsen, Salat, Bohnen, Erbsen, Kohl, Erdbeeren u. s. w. nichts Krankhaftes beobachtet werden.

Fasse ich die Resultate, zu welchen ich durch die vorliegende Arbeit gekommen bin, zusammen, so komme ich zu folgenden Schlussfolgerungen:

1) Unter keinen Umständen erfährt die Ackerkrume durch die aus der Luft mit dem Wasser sich niederschlagende schwefelige Säure in ihrer Bodenbeschaffenheit eine nachtheilige Veränderung.

2) Die in den Hüttendämpfen resp. den Verbrennungsgasen enthaltene schwefelige Säure wirkt weder bei heiterem trockenem Wetter noch bei Regenwetter auf die Vegetation benachbarter Grundstücke beschädigend ein.

3) Feuchte neblige Luft mit einem Gehalt von 0,003 Prozent schwefe-

liger Säure fügt den Pflanzen nicht den geringsten Schaden zu, selbst wenn sie andauernd und ununterbrochen dieselben umgiebt.

4) Luft, welche mehr als 0,004 Prozent schwefliger Säure enthält, ist der Gesammtvegetation bei Gegenwart des zum Ausfällen der schwefligen Säure nöthigen Wassers verderblich. Die Chlorophyllmasse der feuchten grünen Blätter aller Pflanzen wird derart alterirt, dass sie aufhört zu functioniren. Schon nach wenigen Stunden erscheinen die Blätter wie vom Rost befallen, theils gebändert, theils gelb und braun tätowirt, gekrümmt und theilweise schraubenzieherförmig zusammengerollt; später schrumpfen sie zusammen, werden welk und sterben ab.

5) Bei einem Gehalt zwischen 0,003 und 0,004 Prozent schwefliger Säure in feuchter Luft tritt die schädliche Einwirkung nicht bei allen Blättern gleich stark auf. Die saftigen jungen Blätter mit noch sehr zarten Zellenwandungen und ganz geringem wachsartigen Tegument werden am schnellsten und kräftigsten davon ergriffen und alles andere gleich angenommen, leiden die blattreichsten Gewächse am meisten.

6) Die schweflige Säure scheint durch rasche Ueberführung in Schwefelsäure auf den feuchten Blättern solche corrodirende Wirkung auszuüben. Andere nachtheilige Veränderungen und Störungen im Lebensprozess der Pflanze bringt sie nicht hervor. Pflanzen und Bäume, deren Blätter durch schweflige Säure vernichtet worden sind, schlagen von Neuem aus, bringen neue Blätter hervor und entwickeln sich ganz normal, wenn die Bedingungen, unter denen die schweflige Säure allein schädlich wirkt, nicht mehr vorhanden sind.

Bau und Einrichtung ländlicher Arbeiter-Wohnungen in gesundheitlicher Rücksicht.

Von

Dr. **F. C. Schubert,**
akademischer Baumeister.

Vorwort.

Viele meiner geehrten Leser werden die Wohnungen der ländlichen Arbeiter betreten und vom Leben und Treiben der Bewohner Kenntniss genommen haben. Hierbei mussten sie bemerken, dass nur in den wenigsten Fällen den Anforderungen an ein gesundes, gemüthliches und würdiges Familienleben entsprochen war, dass für das materielle und sittliche Wohlbefinden dieser weniger begünstigten Klasse von Arbeitern verhältnissmässig nur Geringes geleistet worden ist.

Die Mehrzahl dieser Wohnungen sind kaum zum Aufenthalt für Menschen geeignet und die Räumlichkeiten so beengt, dass oft die ganze Familie, Mann, Frau und Kinder beiderlei Geschlechts und verschiedenen Alters, in einem einzigen Raum bei Tag und Nacht zusammen gedrängt ist, wobei dieser Raum auch noch zum Aufbewahren von Kartoffeln, zum Waschen und Kochen benutzt werden muss. Dass bei einem so beengten Zusammenleben einer oft zahlreichen Familie, namentlich bei Krankheiten und vorkommenden Wochenbetten der Hausfrau, ein wirklich entsetzlicher Nothstand eintritt, dass Reinlichkeit und Sittlichkeit der Familie darunter leiden, bedarf keines besonderen Beweises.

Solche schlecht gebaute, des hinreichenden Lichtes, der frischen Luft entbehrende, armselige Wohnungen sind vergiftete Quellen des Siechthums für Leib und Seele und sicherlich keine Empfehlung für diejenigen, welche dazu berufen sind, für das Wohl ihrer Bewohner Sorge tragen zu müssen.

Das Interesse, welches der Gutsbesitzer oder Patron für das Wohl seiner Arbeiter haben sollte, ist nicht blos ein sittliches, sondern auch ein wirthschaftliches; denn es muss ihm doch viel darauf ankommen, jederzeit über kräftige, gesunde, zuverlässige und wohl auch, für gute Wohnung und

Behandlung dankbare, Arbeiter verfügen zu können. Der Vortheil, welcher ihm daraus erwächst, steht gewiss hoch über dem Nachtheil der grösseren Bau- und Anlagekosten, sowie der vermehrten Zinsenlast. Wenn die unteren Klassen in den höher stehenden nicht die Quellen ihres Wohlergehens sondern nur die ihrer Mühen und Lasten erblicken und erst so weit kommen, Vergleiche anzustellen, was im Laufe der Zeit nicht ausbleiben kann, so rächt sich dies unsittliche Verhältniss nach allen Seiten und kann die schrecklichsten Folgen haben.

Das Gesagte bezieht sich zwar auf alle Arbeiterklassen, da alle mehr oder weniger unter denselben Lasten seufzen, doch ist es meine Absicht, hier nur die ländliche Arbeiterbevölkerung im Auge zu behalten, denn diese umfasst die unentbehrlichsten Personen beim Ackerbau, dem weit verbreitetsten, nützlichsten und nothwendigsten Gewerbe der Erde.

Behörden und Vereine, sowie einzelne, für das Wohl der Menschheit thätige Männer haben schon viel durch Schrift und Wort, durch Rath und That gewirkt, den allseitig erkannten Uebelständen unter der ländlichen Arbeiterbevölkerung entgegen zu arbeiten; dass nun auch ich es wage, meine eigenen Erfahrungen und Kenntnisse nach dieser Richtung hin zu verwerthen, geht lediglich aus demselben Bestreben hervor, ebenfalls einen Baustein zum Wohle der arbeitenden Klasse hinzuzufügen, der, so hoffe ich, das Werk mit fördern soll.

Ich habe mir die Aufgabe gestellt, die ländlichen Arbeiterwohnungen namentlich in Bezug auf ihre gesundheitsmässige Einrichtung zu besprechen und mit Rathschlägen an die Hand zu gehen, deren Befolgung gewiss nicht ohne Nutzen sein wird.

Von den Werken, welche denselben Gegenstand behandeln, und welche ich mit vielem Interesse gelesen habe, erwähne ich:

1) Die Wohnungen der Arbeiter und Armen von C. W. Hoffmann (Berlin bei E. H. Schröder).

2) Ausgeführte Familienhäuser für die arbeitenden Klassen von F. Engel (Berlin bei Ferd. Riegel).

3) Das Musterhaus für Arbeiterfamilien von Henry Roberts, übersetzt von F. C. Busse (Potsdam bei Ferd. Riegel).

4) Die Wohnungsfrage, mit besonderer Berücksichtigung der arbeitenden Klassen vom Centralverein in Preussen für das Wohl der arbeitenden Klassen (Berlin bei Otto Janke).

Wenn nun auch meine Arbeit eine durchaus selbstständige und auf eigene Erfahrungen gegründete ist, so war es doch unausbleiblich, dass ein und der andere Gedanke aus jenen Werken, soweit es die Vollständigkeit der Abhandlung bedingte, darin Aufnahme finden musste. Somit übergebe ich dieselbe dem Publikum, getragen von der Hoffnung, dass sie freundliche Beurtheilung finden und nicht vergeblich geschrieben sein möge.

Bonn, im November 1868.

Jede Wohnung soll Schutz gegen die Einflüsse von Wind und Regen, von Frost und Hitze gewähren und die Gesundheit der Bewohner nicht gefährden. Zur Aufrechthaltung dieses Grundsatzes gehört zunächst die richtige Auswahl des Platzes, auf welchem das Gebäude errichtet werden soll.

Da wir es hier mit ländlichen Bauten zu thun haben, bei denen man selten auf eine ganz bestimmte Stelle angewiesen ist, so wird es mit keinen Schwierigkeiten verbunden sein, eine Stelle zu ermitteln, welche den, weiter unten angeführten Prinzipien am meisten entspricht.

Hinsichtlich der Weltgegend, nach welcher die Hauptfronte des Gebäudes zu richten ist, empfiehlt es sich für das nördliche Deutschland, welches ich hier vorzugsweise im Auge halten will, dieselbe nach Süden zu legen und in entgegengesetzter Richtung, also nach Norden, womöglich auch nach Nordosten und Nordwesten, dem Gebäude gegen die heftigen Stürme durch Anpflanzung schnell wachsender Bäume Schutz zu gewähren.

Besonders wünschenswerth ist es, die Schlafzimmer nach Süden zu legen, damit die Sonne während der Wintertage sie 6 bis 7 Stunden bescheinen und angenehm erwärmen kann.

Das Wohnhaus muss auch eine möglichst freie Lage haben, so dass ihm nicht durch in der Nähe stehende Gebäude, hohe Mauern, Hecken und Bäume die Sonne und Luft entzogen werde. Ebenso wird man die unmittelbare Nähe von Fabriken mit qualmenden Schornsteinen, von Ziegeleien und Kirchhöfen, so wie den Anschluss von Abtritten und Dungstätten zu vermeiden haben.

Man erbaue das Gebäude in keiner Niederung, aber auch auf keiner bedeutenden Anhöhe, wo es den heftigen Stürmen ausgesetzt wäre; eine mässig erhöhte Lage des Platzes von 4 bis 6 Grad erscheint als die passendste, weil bei dieser noch eine schnelle Abführung des Regen- und Schneewassers stattfindet und auch die erforderliche Luftströmung nicht ganz abgeschlossen wird.

Solche Stellen, auf denen stets vor oder gleich nach Sonnenuntergang sich schnell eine kühlere Luft, ein auffallend rascher Temperaturwechsel so wie Nebel oder neblige Niederschläge einfinden, muss man ebenfalls zu vermeiden suchen.

Ebenso sind nicht zu wählen die tiefen Niederungen, sumpfige Gegenden in der Nähe von Flüssen und Seen, weil im Frühjahr und Spätherbst das Grundwasser die Fundamente und Keller erreicht, vermöge der Capillarität im Innern der Wände in die Höhe steigt, feuchte Räume, Zersetzung des Mauerwerks, Fäulniss des Holzes und im Gefolge aller dieser Uebelstände mephitische Ausdünstungen, so wie Krankheiten der Bewohner erzeugt und unterhält.

Der Grund und Boden, auf welchem das Gebäude errichtet werden soll, muss möglichst trocken sein; kiesiger, sandiger Boden und solcher, der aus einer Mischung von Lehm und Sand besteht, ist allem anderen, mit Ausnahme von Fels, vorzuziehen.

Nur selten wird man auf dem Lande gezwungen sein, einen feuchten Grund und Boden bebauen zu müssen, wo diess indess, wie im ausgedehnten Niederungsterrain oder in Flussthälern, doch der Fall ist, dann müssen Vorkehrungen getroffen werden, die Feuchtigkeit zu entfernen und abzuhalten.

Ist die Feuchtigkeit durch oberhalb liegende Quellen herbeigeführt, so reicht in den meisten Fällen ein Abfangegraben aus; das beste Mittel, einen feuchten Bauplatz trocken zu legen, hat man aber in der Drainage desselben.

Die Fundamente der Gebäude sind immer so hoch zu legen, dass sie vom höchsten Grundwasser niemals erreicht werden. Der Sockel des Gebäudes muss auch auf trockenem Boden wenigstens $1^1/_2$ bis 2 Fuss, auf feuchtem Boden noch höher, über dem äusseren Terrain hoch werden, so dass also auch der Fussboden innerhalb des Gebäudes so hoch über Letzterem zu liegen kommt.

Zu den Fundament- und Kellermauern sind Materialien zu verwenden, die an und für sich undurchlassend für Feuchtigkeit und nicht hygroskopisch sind. Aus diesem Grunde sind alle nicht ganz hart gebrannte Ziegelsteine, thonige Sandsteine etc. zu vermeiden und nur ganz harte, am besten halb verglaste Ziegelsteine, sogenannte Schmolzen, kieslige und kalkige Sandsteine, fester Kalkstein, Granit etc. dazu zu verwenden. Die Bruchsteine müssen lagerhaft, von nicht zu unregelmässiger Gestalt sein, da sie sonst zu viel Mörtel erfordern und die Mauer deshalb länger feucht bleibt, sich auch stärker setzt. Kann man, ohne bedeutende Mehrkosten zu verursachen, hydraulischen Kalk beziehen, so wird sich dessen Verwendung zum Mörtel überall dort empfehlen, wo die Fundamente und Keller in feuchten Boden zu stehen kommen.

Auch die Gestalt des gemauerten Sockels ist nicht ohne Einfluss auf die Trockenheit des Gebäudes. Bei der gebräuchlichen Form, bei welcher der Sockel ein oder mehrere Zoll über die Fläche des aufgehenden Mauerwerks vorspringt, und mit diesem Vorsprung gleich über der Erde beginnt, schlägt alles Trauf- oder Regenwasser auf jenen Vorsprung auf, läuft an der Sockelfläche herab und dringt häufig in die Erde und die Fundamente ein; auch das auf die Erde oder auf das am Sockel hinlaufende Pflaster aufschlagende Regenwasser spritzt bei heftigem Schlagregen oft bis über den Sockel hinauf und macht die Wandfläche über demselben feucht.

Allen diesen Uebelständen wird vorgebeugt, wenn man den Sockel nicht vorspringen lässt und ihn mit dem aufgehenden Mauerwerk in dieselbe senkrechte Ebene bringt, dabei aber die, den Sockel begrenzende Rollschicht an und für sich um 1 oder 2 Zoll vorspringen lässt.

Ideell trocken ist kein Grund und Boden und das Fundamentmauerwerk also immer mehr oder weniger feucht. Um nun dem Aufsteigen der Feuchtigkeit in die oberen Wände zu begegnen, also dieselbe im Fundament zurückzuhalten, hat man in der Höhe des Sockels und in der ganzen Stärke desselben, undurchlassende Isolirschichten anzuwenden. Die Kosten, welche dadurch anwachsen, werden hinreichend ausgeglichen durch die grössere Trockenheit und längere Dauer des Bauwerks.

Da es sich hier nur um einfache Gebäude handelt, dürfen zu vorgenanntem Zwecke auch nur einfache Mittel verwendet werden. Hierzu gehören:

1) Die Theerpappe, auch Dach- oder Asphaltpappe genannt. Dieselbe wird auf der trockenen Rollschicht des Sockels derart ausgebreitet, dass keine offene Stossfuge entsteht, sondern der Anfang jedes folgenden Stückes das Ende des vorher verlegten 2 Zoll überdeckt.

2) Der Asphalt, der in einer $1/4$ Zoll dicken Schicht, nachdem er vorher in einem Kessel durch Feuer flüssig gemacht worden ist, aufgebracht und mit der Kelle glatt gestrichen wird.

3) Der Theermörtel, als Aequivalent für den theuren Asphalt. Dieser Mörtel wird bereitet, indem man Theer und Steinkohlenpech in einem Kessel durch Feuer flüssig macht und dann so viel trockenen Quarzsand zusetzt, dass eine Masse von gewöhnlicher Mörtelkonsistenz entsteht; dieselbe wird dann auf dem Sockel $1/2$ Zoll stark aufgebracht, bevor die Rollschicht verlegt ist, worauf die Letztere mit derselben Mörtelmasse vermauert wird.

4) Cement; derselbe findet hier Anwendung, indem man ihn mit Zusatz von 2 Theilen Sand als Mörtel zur Herstellung der Rollschicht gebraucht.

Andere Mittel, wie Blei, Glastafeln etc. sind zu theuer und ihre Beschaffung wie ihr Gebrauch zu umständlich, als dass sie hier empfohlen werden dürften.

Nachdem eine oder die andere Isolirschicht aufgebracht ist, führt man das aufgehende Mauerwerk in üblicher Weise aus.

Schwellen von Fachwerkswänden unterlegt man zum Schutze gegen Feuchtigkeit mit Theerpappe oder Birkenrinde.

Das Gebäude muss immer eine, wenigstens 3 Fuss breite, Umpflasterung von Feldsteinen erhalten, welche mit einem, vom Gebäude abwärtsgehenden, Gefälle zu versehen ist.

Bei der Wahl der Baumaterialien kommt lediglich die Lokalität in Betracht, indem man diejenigen anwenden wird, welche in der Nähe und mit möglichst wenig Kosten zu haben sind; es ist nur in der Konstruktionsweise den natürlichen Eigenschaften derselben Rechnung zu tragen. Im Uebrigen sind massive Bauten von Bruchsteinen, Ziegelsteinen und Kalkpisée den Holzbauten vorzuziehen.

Wendet man Bruchsteine an, so ist darauf zu sehen, dass dieselben nicht hygroskopisch sind, d. h., dass sie nicht Feuchtigkeit begierig aufsaugen und lange festhalten, wie z. B. der thonige Sandstein; auch dürfen sie nicht schwitzen, d. h. es darf sich nicht, wie beim blauen harten Kalkstein, Schiefer, Basalt, welche immer kälter als die umgebende atmosphärische Luft sind, der Wasserdampf der Letzteren darauf niederschlagen und kondensiren. Die besten Bruchsteine zur Herstellung der Umfassungswände sind der kiesige und kalkige Sandstein, der gewöhnliche gelbe Kalkstein, die Grauwacke, Basaltlava und noch einige andere. Immer ist aber darauf zu achten, dass die Steine trocken sind und nicht mit ihrer Bergfeuchtigkeit vermauert werden, sondern wenigstens ein halbes Jahr vorher gebrochen worden sind. Alle Bruchsteine, welche oben genannte schlechte Eigenschaften besitzen, müssen, sofern man sie zur Aufführung der Gebäude verwendet, innerhalb mit Ziegelsteinen verblendet werden.

Bei der Verwendung von Ziegelsteinen und Bruchsteinen ist noch besonderes Augenmerk auf den Kalkmörtel zu richten, indem derselbe nur aus gutem gelöschten Kalk, möglichst reinem scharfem Sande und salzfreiem Wasser, das auch schon zum Löschen des Kalkes verwendet sein muss, hergestellt werden soll. Lehmgehalt im Sande macht den Mörtel weniger hart und weniger bindend, Salzgehalt des Wassers erzeugt oft später Mauerfrass, in dessen Gefolge, wenn Feuchtigkeit und Wärme, dabei Mangel an Luft und Licht hinzukommt, und unverflösstes Holz verbraucht worden ist, häufig noch der laufende Schwamm auftritt, ein krebsartiges

Uebel, welches das Gebäude bald dem Verfall entgegenführt und für die Bewohner durch seine Ausdünstungen sehr gesundheitschädlich ist.

Gebäude von Bruchsteinen oder Ziegelsteinen lasse man äusserlich unverputzt, im Rohbau, stehen, doch muss man die Fugen sauber mit Kalkoder Cementmörtel ausstreichen. Diese sogenannte Ausfugung darf aber nicht eher, als etwa ein Jahr nach Vollendung des Bauwerks vorgenommen werden, damit das innerhalb glatt geputzte Mauerwerk nach aussen hin ausdünsten kann. Solche Mauern für immer unausgefugt zu lassen, ist sehr zu tadeln, da atmosphärische Niederschläge, Schnee und Regen, in die Fugen treiben und darin sitzen bleiben, hierdurch aber und durch Einwirkung des Frostes die scharfen Kanten der Steine abfrieren und verwittern und das Mauerwerk dem Verfalle entgegen geht.

Sehr empfehlenswerth für Gegenden, in denen der Kalk nicht theuer und reiner Sand in Masse vorhanden ist, bleibt die Anwendung des Kalkpisés. Wird derselbe richtig und gut ausgeführt, zu welchem Zwecke das Werk von F. Engel über Kalksandbau empfohlen sei, so steht er in Beziehung auf Härte, Stärke der Wände, Feuersicherheit und Trockenheit dem Ziegelbau nicht nach, übertrifft ihn aber bedeutend an Kostenersparniss, da er etwa nur halb so viel als Letzterer kostet.

Pisébau aus gestampfter Erde oder gerammten Erdquadern ist gleichfalls und zwar besonders für solche Gegenden zu empfehlen, in denen sich ein dazu passender Boden, etwa ein guter Weizenboden, der beim Pflügen Schollen bildet, vorfindet. Der Pisébau giebt ebenfalls ein warmes feuersicheres und solides Bauwerk, namentlich, wenn man gerammte Erdquadern verwendet hat. (Näheres darüber findet sich in meinem Handbuch der landwirthschaftlichen Baukunde, 2. Auflage. Berlin bei Wiegandt und Hempel.) Ein solches Gebäude kann vierzehn Tage nach seiner Vollendung ohne Nachtheil für die Gesundheit der Bewohner schon bezogen werden. Eine Schachtruthe Pisémauer aus gerammten Erdquadern kostet nur $^1/_3$ so viel als eine Schachtruthe Ziegelmauerwerk. Natürlich müssen alle Erdpisémauern ein Fundament von Bruchsteinen oder gebrannten Ziegeln, sowie zum Schutz gegen Schlag- und Strichregen ein überstehendes Dach erhalten.

Umfassungswände von Fachwerk werden überall dort zur Anwendung kommen, wo das Holz billig, Steinmaterial dagegen verhältnissmässig theuer ist.

Hierbei ist Eichenholz, seiner längeren Dauer wegen, dem Tannenholze vorzuziehen. Beides muss aber im trockenen Zustande gefällt, gesund und frei von Wurmfrass sein. Eine Theerung der äusseren Flächen des Holzes und derjenigen desselben, welche mit der Ausfüllung der Fache in Berührung kommen, ist anzurathen. Die Ausfüllung der Fache geschieht entweder durch Ziegelmauerwerk oder durch eine Ausstakung mit Strohlehm. Letztere giebt wärmere Wände als die ½ Stein starke Ausmauerung mit Ziegelsteinen, nur muss das Lehmfachwerk durch einen äusseren Abputz mit Cementkalkmörtel gegen den Einfluss der Feuchtigkeit geschützt werden.

Zur Bedachung ländlicher Arbeiterhäuser wendet man, da Stroh und Rohr fast überall durch feuerpolizeiliche Vorschriften verboten und nur noch bei einzeln liegenden, von anderen weit entfernten Gebäuden gestattet sind, Dachziegel (Flachwerke oder Biberschwänze, Pfannen), Schiefer oder Dachpappe an. In Gegenden, wo die Stroh- und Rohrdächer noch Anwendung finden, muss man zur Erzielung einer grösseren Feuersicherheit die Dachbalkenlage mit einem gestreckten Windelboden versehen, der mit seiner 3 bis 4 Zoll starken Strohlehmschicht die Wohnräume nach dem Speicher zu abschliesst. Flachwerk-, Pfannen- und Schieferdächer sind feuersicher und dicht, wenn sie aus gutem Material und durch gute Arbeit hergestellt worden sind; über die Wahl des einen oder anderen entscheiden die lokalen Verhältnisse.

Sehr empfehlenswerth sind die Theerpappdächer, vorausgesetzt, dass sie aus guter, fetter, biegsamer Theerpappe und nach der Methode mit Leisten und verdeckter Nagelung angefertigt worden sind. Renommirte Fabriken, wie z. B. die von Julius Carstanjen zu Duisburg am Rhein, geben in Brochürenformat eine vollständige Beschreibung der Konstruktion und alles dessen, was in Betreff eines guten Theerpappdaches wünschenswerth ist.

Diese Dächer erhalten nur ⅛ der Gebäudetiefe zur lothrechten Höhe, sind also flach und bei ausbrechendem nachbarlichen Brande leicht zu betreten, um Flugfeuer zu entfernen; sie sind ihres hermetischen Verschlusses wegen feuersicherer als Ziegeldächer und werden auch von allen Feuer-Assekuranz-Gesellschaften nicht mit höheren Prämien bedacht, als Letztere. Theerpappdächer erfordern ihrer flachen Konstruktion und der Leichtigkeit ihres Deckmaterials wegen auch nur leicht konstruirte Dachgerüste, gestatten leicht eine Ausladung von 3 Fuss und darüber und geben, da stets die Umfassungswände noch als Kniemauern oder Drempelwände einige Fuss hoch aufgeführt werden, einen bequemer brauchbaren Dachraum als die steileren Ziegeldächer. Schliesslich ist noch zu erwähnen, dass die Anlagekosten eines guten Theerpappdaches nebst Dachgerüst noch billiger sind, als die des billigsten Ziegeldachs.

Bei den Familienhäusern für ländliche Arbeiter bleibt es entschieden rathsam, dieselben nicht kasernenartig in zwei oder noch mehreren Stockwerken zu erbauen, sondern sie nur einstöckig aufzuführen, selbst dann, wenn vier Familien darin untergebracht und deshalb das Gebäude ziemlich lang werden sollte. Der Landmann liebt das Treppensteigen nicht und seine ganze Gewohnheit ist dem Bewohnen zweistöckiger Gebäude entgegen, da die häuslichen Verrichtungen und die Beaufsichtigung der Kinder, welche in jenen Familien ohnedies schon schwach genug ist, durch Lage der Wohn- und Wirthschaftsräume im oberen Stockwerk erheblich erschwert werden würde. In englischen zweistöckigen Familienhäusern liegen zwar sämmtliche Wohn- und Wirthschaftsräume im Erdgeschoss und im oberen Stockwerk sind nur die Schlafzimmer untergebracht; allein auch diese Einrichtung, die sich wohl für städtische Arbeiter noch anwenden liesse, ist auf dem Lande, wo auch die Hausfrau in ihrem Gemüsegarten, auf ihrem Kartoffelfelde, sowie zur Wartung ihres kleinen Viehstandes ausserhalb des Hauses thätig sein muss, nicht zu empfehlen, weil die Beaufsichtigung der Kinder, so wie die Wartung und Pflege etwa vorhandener, in den oberen Zimmern liegender Kranken, dadurch fast unmöglich würde.

Es ist durchaus praktisch, alle die wenigen Räume, welche dem ländlichen Arbeiter gewährt werden, in unmittelbaren Zusammenhang zu bringen und deshalb baue man nur einstöckige Gebäude, die ein, zwei bis vier Familien in sich aufnehmen können. Die hierauf bezüglichen Worte des verdienstvollen, nunmehr verstorbenen Landes-Oekonomierathes Koppe sind zwar in allen Werken ähnlichen Inhalts wiederholt worden, allein sie sind so treffend, dass ich mir gestatten muss, sie auch hier anzuführen. Koppe sagt: »Eine kasernenartige Wohnung, wie sie den landwirthschaftlichen Arbeitern auf grossen Gütern, oder den Gehülfen einer Fabrik geboten wird, hat wenig Anlockendes für einen nach Familienglück strebenden Mann. Dieser sehnt sich nach den mühevollen Geschäften des Tages nach Ruhe und Frieden; im Sommer nach einem Sonntage, wo er im Schatten eines Baumes oder einer Laube, umgeben von seinen spielenden Kindern, von den Mühen der Werktage ausruht. Dieser Genuss kann ihm nur werden, wenn er über einen Raum, sei er auch noch so klein, gebieten, denselben bepflanzen und nach seinem Willen verschönern kann.

»Entbehrt er dieser äusserlichen Hülfe zum genussreichen Familienleben, ist er gezwungen, stündlich zwischen seinen und des Nachbars Kindern Frieden zu stiften, oder wird er selbst wegen der Nähe eines anderen Inwohners um geringste Kleinigkeit mit diesem oder dessen Hausgenossen in einen Zwist verwickelt, so ist es nicht zu verwundern, wenn er im Wirthshause diejenige Erholung sucht, die jedem Manne Bedürfniss ist und die er in seiner beschränkten Wohnung nicht findet.«

Rathsam bleibt es für jede Familie einen besonderen Hauseingang anzulegen und die Trennung der einzelnen Wohnungen von einander bis in

Keller und Speicher fortzusetzen, da selbst die gemeinschaftliche Benutzung ganz untergeordneter Räume, so wie der Lärm der Kinder Störungen im Hausfrieden herbeiführen kann.

Nach Besprechung der Situation des Wohnhauses, der Bauart und äusseren Beschaffenheit, gelange ich nunmehr zur Beschreibung der inneren Einrichtung desselben.

Hierbei ist als massgebend zu betrachten, dass es allen Räumen nicht an frischer Luft, Freisein von mephitischen Dünsten, an guter Beleuchtung, namentlich aber auch nicht an der erforderlichen Temperatur und nicht an Trockenheit der Wände fehlt.

Wesentliche Bedingung ist das Vorhandensein einer hinreichenden Menge von Sauerstoff in der Luft, denn ohne denselben ist weder ein gesunder Athmungsprozess, noch eine vollständige Verbrennung möglich, wie wir dies in Zimmern sehen können, die schlecht oder gar nicht ventilirt sind und in denen sich viele Menschen aufhalten, viele Lichter brennen oder gar unausgesetzt Speisen bereitet werden. In allen diesen Fällen werden auch schädliche Gase und besonders auch viel Wasserdampf erzeugt, welche auf den Organismus des Menschen, namentlich auf Lunge und Haut nachtheilig einwirken. Ein ventilirter Raum soll für jeden Erwachsenen wenigstens 700, für jedes Kind durchschnittlich 350 Kubikfuss Luftraum bieten. In Schlafzimmern der Arbeiter lässt sich aus ökonomischen Gründen diesem Bedürfniss nicht vollkommen entsprechen, denn obigen Zahlenangaben gemäss müsste ein solches, in dem zwei Erwachsene oder vier Kinder schlafen, schon 16 Fuss lang, 10 Fuss breit und 9 Fuss hoch sein. Man ersieht jedoch daraus, dass ohne Ventilation, welche die verdorbene Luft verjagt und durch neue ersetzt, in Familienhäusern kein Schlafzimmer beschafft werden kann. Man hat sich darüber geeinigt, dass eine einzelne Familienwohnung wenigstens enthalten müsse: einen besonderen Hausflur, ein Wohnzimmer von 14 zu 16 bis 18 Fuss Seite, ein oder zwei Schlafstuben von 7 bis 8 Fuss Breite, 14 bis 16 Fuss Länge, eine Küche von 30 bis 40 und einen Keller von 80 Quadratfuss Grundfläche. Die lichte Höhe ist in den Wohnräumen nicht unter 8, besser 8½ Fuss, im Keller nicht unter 6 Fuss zu belassen.

In Betreff der Schlafstube ist besonders hervorzuheben, dass dieselbe niemals offen gegen die Wohnstube und Küche zu liegen kommt, weil sonst alle feuchten Ausdünstungen aus diesen in die in der Regel kühlere Schlafstube hineinziehen, dort an Fenstern und Wänden sich kondensirt niederschlagen, auch das Bettzeug zum Nachtheile der Bewohner feucht machen. Es wird sich allerdings nicht vermeiden lassen, dass das Schlafzimmer mit dem Wohnzimmer kommunizirt, auch ist eine solche Verbindung der Ueberwachung der Kinder und etwaiger Kranken wegen, durchaus nothwendig, doch muss man für gewöhnlich das Schlafzimmer durch eine gut schliessende Thür absperren können. Wenn wir es mit einem Wohnhause für mehrere Familien zu thun haben, ist es rathsam, die Wohnungen so anzulegen, dass eine oder ein paar sich darunter befinden, welche statt einer Schlafstube deren zwei haben, damit die erwachsenen Kinder von den Eltern oder die Kinder unter sich nach Erfordern von einander getrennt werden können. Grösstentheils wird es gelingen, anstatt der zweiten Schlafstube zu ebener Erde, eine trockene, freundliche Giebelstube im Speicher zu beschaffen, wodurch natürlich im Vergleich zu der vorgenannten Anlage an Standfläche des Gebäudes und somit an Baukosten gespart wird.

Schlafzimmer ganz ohne Feuerungsanlage, d. h. ohne Heizung zu belassen, ist ebenfalls nicht anzurathen, da selbige nicht durch das Wohnzimmer mit erwärmt werden sollen, bei Krankheiten einzelner Familienmitglieder jedenfalls aber einer Erwärmung bedürfen; auch bleibt es empfehlenswerth während eines starken Winters die Schlafzimmer dann und wann zu heizen, da hierdurch etwaige stockende Dünste entfernt und die Zimmer gemüthlicher werden. Einem Zimmer, das nie geheizt wird, muss letztere Eigenschaft vollständig abgesprochen werden.

Schlafzimmer müssen auch ventilirbar sein, ohne dass man das Fenster zu öffnen braucht. Befindet sich ein Ofen im Zimmer, so wird dieser der Ventilator, im anderen Falle kann die Ventilation leicht und zweckmässig dadurch hergestellt werden, dass man in dem Schornstein, welcher das Ofenrohr des Wohnzimmers aufnimmt, einen Fuss über dem Fussboden eine Oeffnung anbringt, die durch ein Thürchen verschliessbar ist. Wird dieses Thürchen im Winter, wo durch Heizung des Ofens der Schornstein erwärmt ist, geöffnet, so tritt ein kräftiger Zug ein, welcher die untere Luftschicht des Schlafzimmers abführt.

Zu diesem Zwecke wird es erforderlich sein, bei der gebräuchlichen Zusammenlegung der Räume, jeder Wohnung ein besonderes Schornsteinrohr zu geben, damit dieselben frei neben die Scheidewand zu liegen kommen und die Anlage jener Ventilationsöffnungen erleichtert wird. Die Kosten für das zweite Rohr sind so unbedeutend, dass sie nicht in Betracht kommen.

Von ebenso grosser, wenn nicht noch grösserer Wichtigkeit ist noch die Einrichtung der **Küche und des Kochapparats**, sowie der **Heizungsvorrichtung im Wohnzimmer**.

Die Commission der polytechnischen Gesellschaft zu Berlin, welche im Jahre 1850 auf Veranlassung des Königlich preussischen Landes-Oekonomie-

Collegiums sich über die zweckmässigste Einrichtung der Koch- und Heizapparate für die Wohnungen der Arbeiterfamilien gutachtlich zu äussern hatte, erklärte in Betreff der **Heizung der Wohnzimmer** einen gut und zweckmässig konstruirten Heizofen von unglasirten Kacheln, welche nach der Länge der inneren Züge eine angemessen abnehmende Fütterung besitzen, als am geeignetsten, nur müsse ein solcher Ofen von allen Nebenansprüchen, bis höchstens auf eine Wärmeröhre für Speisen, entbunden sein, da alle derartigen Zwecke zum grösseren Nachtheil für die Hauptfunktionen des Ofens führen würden. Ein solcher Ofen soll also in jedem Wohnzimmer vorhanden sein.

Oefen, auf denen im Zimmer gekocht und gebraten werden soll, sind unter allen Umständen zu verwerfen. Kochende Nahrungsmittel entwickeln Wasserdampf und verschiedene Gase, welche mit ihren vegetabilischen und animalischen Bestandtheilen sogleich in Zersetzung übergehen; ebenso wird durch das Schmoren und Braten die Luft durch Kohlensäure und brenzliche Körper verunreinigt und durch alle diese Operationen in der Stube eine für die Gesundheit der Bewohner höchst nachtheilige, übermässige Wärme erzeugt.

In Gegenden, in welchen des qualmenden Leuchtmaterials (Kiehnspahn, schlechtes Brennöl) wegen noch sogenannte Leuchtkamine angelegt werden, empfiehlt es sich für diese kleinen Haushaltungen, dieselben mit geschlossener Kochfeuerung in Verbindung zu bringen. Die Kochfeuerung (Taf. II) ist so angelegt, dass in den Wintermonaten solche vom Wohnzimmer aus zum Kochen benutzt wird und auch ein vollständiges Leuchtkamin bildet. In den Sommermonaten wird, wie im Grundriss angegeben, die Wange *ab*, sowie die Heizthür auf der Stubenseite mit Ziegelsteinen auf der hohen Kante und Lehm zugesetzt, dagegen die Wange *cd*, welche als Abschluss für die Wintermonate auf der Küchenseite vorhanden ist, sowie der Verschluss der dortigen Heizthür fortgenommen und man erhält auf solche Weise eine mit der Stube nicht mehr in Verbindung stehende Kochfeuerung mit geschlossenem Raume. Die von den Speisen aufsteigenden Dämpfe, sowie der Rauch des zur Beleuchtung benutzten Brennmaterials werden durch den oberhalb befindlichen Rauchmantel aufgenommen und durch eine Oeffnung im Scheitel desselben nach dem Schornstein abgeführt. F. Engel sagt in seiner Abhandlung über ausgeführte Familienhäuser: »In den Arbeiterhäusern älterer Einrichtung findet man die Heerdfeuerung in der Küche, die Vorrichtungen, Stubenöfen von aussen zu heizen und die Kamine, um einen grossen und in einen unverhältnissmässig weiten Schornstein auslaufenden Rauchfang gruppirt, dem der hinreichende Feuerzug zur zweckmässigen Benutzung der aus den Brennmaterialien sich entwickelnden Wärme gänzlich abgeht; bessere Heiz- und Kocheinrichtungen lassen sich in diesen Gebäuden daher nur dann anwenden, wenn die Schornsteinanlagen eine vollständige und zweckentsprechende, geschlossene Einrichtung und geringere Weite erhalten.«

In dieser Beziehung bemerke ich zunächst, dass es sich empfiehlt, nur sogenannte russische Schornsteinröhren von 6 à 6 oder 6 à 8 Zoll lichter Weite anzuwenden, dabei aber darauf zu achten, dass dieselben innerhalb und äusserlich dicht verschmiert und verputzt sind, überall mit der lichten Wandfläche wenigstens 8 Zoll von allem Holze entfernt bleiben und über dem Dache, auf welchem sie wenigstens $1\frac{1}{2}$ Fuss über den First desselben emporragen müssen, mit einer Kappe versehen werden. Letzteres ist anzurathen, damit der nachtheilige Einfluss von Regen, Schnee, heissen Sonnenstrahlen und Wind auf den Schornstein und seinen Zug möglichst geschwächt werde. Unter dem Dache und im Keller oder Erdgeschosse sind die, für alle russischen Röhren erforderlichen, Reinigungsthürchen anzulegen.

Solche Anlagen wie die füher erwähnten, d. h. offene Heerdfeuerungen mit grossem Heerdmantel und besteigbarem Schornstein, sind ganz zu verwerfen und überall durch russische Röhren und Kochheerde mit geschlossener Feuerung zu ersetzen.

In der Küche ist ausserdem ein Spülstein mit Ablaufrohr von Zink oder Blei anzubringen, mit welchem ausserhalb eine unterirdische kleine Leitung von glasirten Thonröhren in Verbindung steht, welche alles Gespüle in eine kleine, durch Deckstein verschlossene, bis auf den Kies hinabgehende und mindestens 20 Fuss vom Gebäude entfernte, gemeinschaftliche Senke abführt. Wäre nicht zu befürchten, dass für die Jauche, im Jauchenbehälter der Düngerstätte, durch Zuführung sämmtlichen Spülwassers eine zu bedeutende und nachtheilige Verdünnung eintreten, ja der Behälter leicht zum Ueberlaufen gelangen möchte, so würde es sich empfehlen, das Spülwasser bis in jenen Behälter zu leiten und somit selbiges nicht blos weit ab vom Hause zu fördern, sondern auch die Anlage einer Senke zu ersparen. Das Abfallrohr ist in seiner Einmündung am Spülstein mit einem Siebe zu versehen und die Oeffnungen desselben sind, wenn nicht gespült wird, mit einem feuchten Lappen, sogenannten Hader, zu bedecken, damit das Eindringen des Geruches nach der Küche verhindert wird.

Kann die äussere Ableitung durch eine offene Rinne erfolgen, so ist diese, der Billigkeit halber, vorzuziehen.

Durch Anlage des Spülsteins wird eine Verschleuderung des Wassers in der Küche vermieden und die Reinlichkeit im Allgemeinen gefördert werden.

Die Keller müssen gewölbte Decken erhalten und durchaus trocken sein, also mit ihrem Fussboden, der stets zu pflastern ist, mindestens 1 Fuss hoch über dem höchsten Grundwasserstande liegen. Kann des hohen Grundwasserstandes wegen der Keller nicht zum grössten Theile in die Erde eingeschnitten werden, so ist er zu ebener Erde, nach Norden hin, besonders auszubauen, wobei er dicke Wände, ein halbkreisförmiges Gewölbe oder eine Balkendecke mit Dach und mit, unter selbigem angebrachter, Strohausfüllung erhalten.

Jeder Keller soll eine möglichst gleichmässige, kühle Temperatur haben, was man dadurch erreicht, dass man in den dicken Umfassungsmauern eine 5 Zoll weite Luftschicht als schlechten Wärmeleiter anbringt, ausserdem aber auch die Beleuchtung und Ventilation auf ein solches Maass beschränkt, dass einerseits nicht die Sonnenstrahlen unmittelbar in den Keller scheinen, andererseits aber auch nicht durch zu grosse Oeffnungen im Sommer eine zu grosse Erwärmung, im Winter eine zu bedeutende Erkältung eintritt. Die Ventilation erfolgt am besten nicht durch die Kellerfenster, sondern durch einige kleine Oeffnungen im Sockel des Gebäudes, welche äusserlich durch Drahtgitter geschlossen sind, innerhalb nach Belieben und Bedürfniss mit Stroh verstopft werden können, was besonders im strengen Winter ganz oder theilweise nothwendig sein wird.

Auch die Konstruktion der Fussböden und Decken, sowie die Vertheilung der Fenster und Thüren und deren Herstellungsart sind von Einfluss auf das Wohlbefinden der Bewohner und auf die Dauer des Gebäudes.

In vielen Gegenden des nördlichen und östlichen Deutschlands werden noch immer die Fussböden in den ländlichen Arbeiterwohnungen von Lehmestrich hergestellt, da das Material überall zu haben und die Ausführung durch jeden beliebigen Arbeiter erfolgen kann. Diese Lehmestriche führen aber grosse Nachtheile mit sich, indem sie durch den abgebenden Staub schädlich auf Augen und Lunge einwirken, bei vergossener Flüssigkeit lange feucht bleiben, sowie durch den Gebrauch Vertiefungen erhalten, welche nicht nur alten Leuten und Kindern gefährlich werden können, sondern auch die Reinhaltung sehr erschweren. Der beste Fussboden für Wohn- und Schlafzimmer bleibt unter allen Umständen die Bedielung mit gesunden, trockenen und schmalen Brettern auf eichenen Lagerhölzern, die von Sand, Steinkohlenasche, Schlaken oder Ziegelmehl umhüllt und aufgefüllt, eine lange Dauer haben und trocken bleiben. Natürlich muss man sich hüten, alten Bauschutt oder humusreiche feuchte Erde zur Auffüllung, sowie zu den Lagerhölzern ungesundes Holz zu verwenden, weil in Fällen, wo dies geschieht, der laufende Holzschwamm nicht ausbleibt. Die Dielbretter müssen möglichst schmal, höchstens 7 bis 8 Zoll breit sein, denn je breiter sie sind, desto mehr schwinden sie und öffnen sich die Stossfugen.

Der Fussboden in der Küche und den Nebenräumen wird am besten aus einem Pflaster von harten Ziegelsteinen in Kalkmörtel, oder aus einem auf flachen Ziegelsteinen angebrachten, Estrich von Steinkohlenasche und Kalk oder von Cement hergestellt. Letzterer möchte schon etwas zu theuer erscheinen, während der Estrich von Steinkohlenasche und Kalk fast dieselben Dienste thut und mit geringen Kosten leicht ausführbar ist. Die Masse wird erhalten, wenn man 3 Theile gesiebter Steinkohlenasche mit 1 Theile gelöschten fetten Baukalkes unter Zusatz von Wasser zu einem mörtelartigen steifen Brei vermischt und solchen mit Kelle und Richtscheit in etwa 1 bis 1 $\frac{1}{2}$ Zoll Stärke auf die Unterlage glatt aufbringt und mit Pritschbäumen die entstehenden feinen Risse zuschlägt. Ist der Boden fest, so kann man statt des flachen untergelegten Ziegelpflasters eine Sandschüttung von etwa 3 Zoll Höhe anwenden und auf diese dann die genannte Masse in 2 Zoll Stärke auftragen. Ein solcher Fussboden ist sehr fest, wasserdicht und dabei ein schlechter Wärmeleiter.

In Betreff der **Decken** muss man fordern, dass sie eben, dicht, warm und möglichst feuersicher seien. Vorspringende Deckenbalken, wie man sie noch oft in Dörfern findet, sind Ansammler von Staub und Spinngeweben und deshalb zu vermeiden.

Eine gute Decke erhält man durch Anwendung einer sogenannten Einschubdecke oder eines halben Windelbodens, welche einige Zoll unter der Oberkante der Balken zwischen dieselben zur Ausfüllung der Balkenfache eingebracht werden. Hierzu kommt unterhalb eine Verschalung mit trockenen schmalen Brettern, deren Stossfugen mit Leisten gedeckt werden, oder statt dessen eine verschalte, berohrte und mit Kalkmörtel verputzte Decke. Den, unter dem halben Windelboden verbleibenden, Theil der Balkenfache, der oft noch eine Höhe von mehreren Zollen hat, mit Strohlehm auszufüllen und die Unterfläche, den Balken gleich, mit Lehmkalkmörtel glatt zu putzen oder zu weissen, ist nicht rathsam, da die Haftbarkeit zu gering ist und ein Herabstürzen solcher Deckenstücke nicht zu den Seltenheiten gehört. Ueber den Balken wird bei Anwendung des halben Windelbodens im Speicher eine Bretterdielung angebracht.

Empfehlenswerther ist indess der gestreckte Windelboden, weil derselbe die Wohnräume nach oben feuersicher abschliesst; es möchte daher anzurathen sein, den halben Windelboden aufzugeben und statt seiner den gestreckten mit einer Verschalung oder Pliesterung der unteren Deckenfläche in Anwendung zu bringen. Die Kosten der zuletzt genannten Konstruktion bleiben jedenfalls unter dem Kostenaufwande der ersteren.

Die Decken massiver Arbeiterwohnungen aus Gewölben mit hohlen Ziegelsteinen zu bilden, wie dies in England bei derartigen Gebäuden geschehen ist, wäre allerdings der Dauer und Feuersicherheit wegen vorzuziehen, doch da die hohlen Ziegelsteine bei uns noch zu den Raritäten gehören und ihre Verwendung zu vorgenanntem Zwecke, sowie zur Herstellung von Umfassungswänden und Fussböden noch lange unterbleiben wird, so versage ich es mir, auf eine Beschreibung dieser Konstruktionsweise näher einzugehen. Diejenigen meiner geehrten Leser, welche sich jedoch dafür interessiren sollten, finden die erforderliche Anleitung zu dieser Baumethode in dem Werke: Das Musterhaus für Arbeiterfamilien von Henry Roberts, übersetzt von F. C. Busse (Potsdam bei Ferd. Riegel).

Die inneren **Wandflächen** müssen einen Anstrich erhalten, der am besten mit einer hellen bläulichen, rosagrauen oder gelblichen Leimfarbe hergestellt wird, denn mit Kalk geweisste Wände färben ab und sind bei **greller Beleuchtung den Augen schädlich**.

Zur gehörigen **Beleuchtung** des Wohnzimmers gehören zwei, zu jeder des anderen Raumes nur ein zweiflügliches Fenster von 3 Fuss Breite und wenigstens 4 Fuss Höhe. Die Rahmen derselben müssen aus Eichenholz und nicht unter $1^1/_2$ Stärke angefertigt und vor ihrem Einsetzen mit heissem Leinöl getränkt worden sein. Die Scheiben werden höchstens 1 Quadratfuss gross sein dürfen. Dass die Fenster nur nach Innen aufschlagen müssen, ist selbstverständlich. Zum besseren Schutz wird es sich empfehlen, ausserhalb zweiflügliche Fensterladen anzubringen.

Die **Hausthür** ist zweiflüglich aus Eichenholz anzufertigen und muss wenn möglich, nebst dem Hausflur, am Giebel angelegt werden, weil bei dieser Lage und einem etwaigem Brande die Rettung erleichtert wird. Ein Oberlicht über der Thüre dient zur Beleuchtung des Hausflurs bei geschlossener Thüröffnung.

Die inneren **Thüren** sind einflüglich von Tannenholz, 3 Fuss breit und $6^1/_2$ Fuss hoch in Rahmen und Füllungen, erstere $1^1/_2$, letztere 1 Zoll stark herzustellen und mit Futter nebst glatter Verkleidung zu versehen. Fenster und innere Thüren sind übrigens so zu vertheilen, dass für Aufstellung von Meubles und Betten überall zweckmässiger Raum verbleibt.

Häufig findet man, dass die **Stallräume**, in denen sich die Arbeiterfamilien ein Schwein, eine Ziege, wohl auch eine Kuh halten, unter demselben Dache mit der Wohnung angelegt sind und mit dieser, oder doch mit Flur oder Küche durch eine Thür kommuniziren. Eine solche Einrichtung erschwert nicht nur die Uebersicht, sondern befördert auch die Unreinlichkeit, die ohnedies aus den Wohnungen der Arbeiter und Armen schwer zu beseitigen ist. Am allernachtheiligsten ist aber eine solche Kombination für das Gebäude und für die Gesundheit der Bewohner, weil durch die Ausdünstung der festen und flüssigen thierischen Excremente nicht nur die Wände infizirt, sondern auch die Luft der Wohnräume verpestet wird. Ist es schon schwer die Menschen vor epidemischen Krankheiten zu schützen, so wird diese Schwierigkeit hier noch vermehrt, da viele Krankheiten der Thiere, z. B. Räude, Milzbrand, Rotz etc., ansteckend auf Menschen einwirken können.

Wird nun, wie dies gewöhnlich der Fall ist, dem Arbeiter ein kleiner Stall zur Viehhaltung gewährt, erhält er ausserdem ein Stück Deputatland von etwa ein bis ein und ein halben Morgen, so sind die erforderlichen Räume am besten in einem besonderen, wenigstens zwei Ruthen vom Wohnhause entfernten, Gebäude unterzubringen. Der Viehstall muss natürlich ebenfalls trocken in seinen Umfassungsmauern, undurchlassend im Fussboden, warm und feuersicher in den Decken, gut beleuchtet und ventilirt und wenigstens $8^{1}/_{2}$ Fuss im Lichten hoch sein. Für die Umfassungswände empfiehlt sich gleichfalls der Massivbau, für den Fussboden ein Rollpflaster von harten Ziegelsteinen in hydraulischem Kalkmörtel, oder eine Betonschüttung und für die Decke der gestreckte Windelboden.

Die Ventilation des Stalles erfolgt durch in den Fronten angelegte, einander gegenüber liegende, dicht unter der Decke einmündende, etwa 8 Zoll im Quadrat grosse Oeffnungen, welche äusserlich, zum Schutz gegen das Eindringen von Ungeziefer, mit Draht vergittert sind, innerhalb aber mittelst hölzerner oder eiserner Klappen nebst Schnur und Leitrolle nach Belieben geöffnet und geschlossen werden können. Da diese Ventilatoren ausreichend sind, so ist es am besten, die hoch anzulegenden Fenster als feststehende zu konstruiren, wie dies auch in grösseren Ställen immer mehr gebräuchlich wird.

Die Stallräume sind in jenem Gebäude so zu placiren, dass der Dünger durch eine Oeffnung von 2 à 3 Fuss Grösse, welche für gewöhnlich durch eine gut schliessende zweiflügliche Thür verschlossen ist, hinausgestossen und in die unmittelbar daneben liegende Düngerstätte gefördert werden kann.

Um eine Mischung der menschlichen Excremente mit dem Thierdünger zu ermöglichen und zu erleichtern, wird im unmittelbaren Anschluss an den Stall und die Düngergrube der Abtritt zu erbauen sein. Die Sekretgrube desselben ist mit einem Kranze von Eichenholz und eichenen Bohlen abzudecken. Die Jauche der Ställe wird durch offene Rinnen und durch kleine Oeffnungen in der Hinterfronte des Gebäudes direkt auf die Düngerstätte geleitet und dort dem Jauchebehälter zugeführt, welcher in der Düngerstätte liegt und mit durchlöcherten Bohlen bedeckt ist.

Es wird durch diese Einrichtung die Möglichkeit geboten, da alle für die Gesundheit, besonders bei Epidemien, gefährlichen Stoffe vom Wohnhause fern gehalten und auf einen kleinen Raum beschränkt werden, mit der Desinfektion wirksam vorschreiten zu können.

Das Gebäude erhält ausser den genannten Räumen in der Regel auch noch einen Holzstall und der Speicher bietet Raum zur Aufbewahrung des Streu- und Futtermaterials.

Die Düngerstätte ist muldenförmig mit einem solchen Gefälle auszuwerfen, dass die Jauche von beiden schmalen Seiten nach der Mitte und dort, vom Hause ab, nach dem Jauchenbehälter geleitet wird. Der Fussboden ist entweder mit einem Lehmschlag oder besser, mit einer Betonschüttung zu versehen und die Umfassung durch Mauerwerk zu bilden, welches 1½ Fuss tief in der Erde, 1½ Fuss hoch über der Erde steht, so dass also die Grube an ihrer tiefsten Stelle 3 Fuss Tiefe hat.

Der Beton, eine Mischung von zerschlagenen Bruchsteinen (Schotter) Ziegelbruchstücken, Kiesel, Sand, Steinkohlenasche und staubartig gelöschtem hydraulischem Kalk, unter Zusatz von Wasser, ersetzt vollständig die sonst in Ställen, Kanälen und Dungstätten üblichen Stein- oder Ziegelpflasterungen, sowohl in Bezug auf Widerstandsfähigkeit gegen Eindrücke als auch der Undurchlassbarkeit. Er zeichnet sich dabei noch durch folgende Eigenschaften vortheilhaft aus:

1) Es sind Maurer zu seiner Anfertigung nicht unbedingt nothwendig und können, wenn einmal die richtige Mischung vor sich gegangen ist, Tagelöhner zur Auftragung und Stampfung verwendet werden.

2) Ist derselbe eben so billig als eine gute Pflasterung und hat vor dieser noch den Vortheil voraus, dass sich bei ihm nicht solche Unebenheiten einstellen, wie sie beim alten Pflaster stets vorhanden sind.

3) Hat man nicht nöthig, ein kostbares Material zu verschreiben, denn Kalk, Ziegelbruch, Steinbrocken, Kiesel, Sand, Steinkohlenasche, wird man sich bei uns überall leicht verschaffen können.

In Betreff der Düngerstätte muss noch bemerkt werden, dass Regen- und Schneewasser auf keinen Fall in selbige gelangen darf, sondern äusserlich die Grube mit Feldsteinen zu umpflastern und das Wasser anderwärts abzuleiten ist. Das Traufwasser des Wohnhauses wird am besten durch Traufrinnen und Abfallröhren in einer kleinen gemauerten und bedeckten Regenzysterne gesammelt, die, einige Fuss vom Hause entfernt, wasserdicht herzustellen ist.

Da es unbillig sein würde, den Bewohnern der Arbeiterhäuser zuzumuthen, das weiche Regenwasser zu trinken und auch Flusswasser, das wegen Mangels an Kohlensäure und weil es meistens eine Menge mineralischer und vegetabilischer, auch animalischer Beimischungen enthält, sich zum Trinkwasser nicht qualificirt, so ist auf die Beschaffung des Letzteren, also auf einen guten Brunnen, Bedacht zu nehmen. Derselbe muss aber von Dungstätten, Abtritten und Kirchhöfen wenigstens 2 Ruthen weit entfernt sein, damit er durch jene Anlagen nicht zum Nachtheile der Gesundheit der Menschen und Thiere verunreinigt werde. Ist der Boden, in welchem der Brunnen angelegt werden muss, sehr locker und sandig, so ist die Gefahr des Durchsickerns schädlicher Stoffe noch grösser, weshalb man in solchen Fällen gut thun wird, den Brunnenkessel nur von hart gebrannten Ziegelsteinen unter Anwendung eines hydraulischen Kalkmörtels herzustellen und die innere Wandfläche mit Trass oder Cement zu verputzen.

Ausser dem beschriebenen Wohnhause und Stallgebäude wird noch ein Raum zum Waschen und Backen, also ein besonderes Wasch- und Backhaus erbaut werden müssen, welches der Nässe und der Feuergefährlichkeit halber ebenfalls isolirt und massiv herzustellen ist. Bei Arbeiterkolonien, wo also mehrere Familienhäuser um einen Hof gruppirt sind, wird dieses Gebäude eine entsprechende Ausdehnung erhalten müssen, auch wird es sich dann empfehlen, ein Badezimmer damit in Verbindung zu bringen, in welchem eine im Boden vertiefte, innerhalb mit Cement verputzte Badewanne anzulegen ist. Dr. Hugo Senftleben spricht sich in seiner Abhandlung (die Wohnungsfrage, mit besonderer Berücksichtigung der arbeitenden Klassen herausgegeben vom Centralverein in Preussen für das Wohl der arbeitenden Klassen; Berlin, bei Otto Janke) über diesen Gegenstand in treffender Weise, wie folgt, aus: »Wo es sich, als eine heilsame und nothwendige Anstalt, bei einer Arbeiterkolonie um die Errichtung eines gemeinschaftlichen Back-, Wasch- und Badehauses handelt, wird man auf die Lage desselben im Centrum der einzelnen Haushaltungen bedacht sein müssen. Die zweckmässigste Benutzung eines solchen Hauses wird an einem bestimmten Tage der Woche geschehen, etwa am Sonnabend, und zwar in der Weise, dass jede Familie abwechselnd für diesen Tag die Heizung übernimmt. Der intelligentere Landmann sieht schon jetzt ein, dass die Kultur der Haut durch Bäder und Waschungen für den ländlichen Arbeiter nicht bloss eine persönliche Annehmlichkeit, sondern auch ein Mittel ist, seine Gesundheit zu erhalten oder herzustellen und seine Leistungsfähigkeit zu erhöhen. Eine gut gepflegte Haut ist im Stande, die Lungenathmung zu unterstützen und bis zu einem gewissen Grade zu ersetzen; sie ist eine Bedingung regelmässigen Stoffwechsels im Organismus, insofern also auch ein ökonomischer Vortheil. Wir empfehlen, in jedem Wasch- und Backhause wenigstens eine Badewanne aufzustellen, sie mag von Holz und mit Oelfarbe angestrichen, oder besser von Steingut oder Cement sein. In dem Badezimmer sollte sich auch ein Bettgestell mit einem Strohsack und mehreren groben wollenen Decken befinden, um darin Schwitzkuren vornehmen zu können, die bei den häufigen rheumatischen und katarrhalischen Leiden so wirkungsreich sind.«

Somit hoffe ich denn das Wichtigste angeregt zu haben, was bei der Situation, dem Bau und der Einrichtung der ländlichen Arbeiterwohnungen nebst zugehörigen Nebenbaulichkeiten zu beachten ist.

Die beigehefteten Pläne von Arbeiterwohnungen und Stallanlagen bedürfen nach dem Vorausgeschickten keiner besonderen Erklärung.

Inhalt.

Ueber die Proteïnstoffe des Maissamens. Von H. Ritthausen 1
Ueber die Proteïnstoffe des Hafers. Von Dr. U. Kreusler 16
Ueber die Einwirkungen der schwefeligen Säure auf die Vegetation. Von Prof. Dr.
 M. Freytag 34
Bau und Einrichtung ländlicher Arbeiterwohnungen in gesundheitlicher Rücksicht.
 Von Dr. F. C. Schubert, akademischer Baumeister 59

Im Jahre 1868 erschien:

Mittheilungen
der Königlichen landwirthschaftlichen Akademie
POPPELSDORF.

I.

Gewidmet

der Rheinischen Friedrich-Wilhelms-Universität

Bonn

zu ihrer fünfzigjährigen Jubelfeier.

Preis 1$\frac{1}{3}$ Thlr.

Inhalt:

Mittheilungen über die landwirthschaftliche Akademie Poppelsdorf. Vom Director Dr. Hartstein. — Beschreibung der zur Akademie gehörigen Gebäude und ihrer innern Einrichtung. Vom akademischen Baumeister F. C. Schubert. — Physikalisch-chemische Untersuchung einer Sammlung Bodenarten der Rheinprovinz mit besonderer Berücksichtigung der ihnen zu Grunde liegenden Gesteine. Ausgeführt von Dr. Andrä, Prof. Freytag und Prof. Wüllner. — Ueber den Einfluss des Zinkoxyds und seiner Verbindungen auf die Vegetation. Von Dr. M. Freytag, Professor. — Die Mahl- und Schlachtsteuer und die Landwirthschaft. Von Dr. Adolf Held. — Ueber einige Formen der landwirthschaftlichen Genossenschaften. Von Dr. H. Thiel.